国学在台湾

GUOXUE ZAITAIWAN

王鹏华◎著

华文出版社

图书在版编目(CIP)数据

国学在台湾 / 王鹏华著. -- 北京 : 华文出版社,
2016.12
ISBN 978-7-5075-4638-5

Ⅰ. ①国… Ⅱ. ①王… Ⅲ. ①国学-通俗读物 Ⅳ. ①Z126-49

中国版本图书馆 CIP 数据核字(2016)第 300463 号

书　　名:国学在台湾
标准书号:ISBN 978-7-5075-4638-5
著　　者:王鹏华
责任编辑:宋军占　雷　平
出版发行:华文出版社
地　　址:北京市西城区广外大街 305 号 8 区 2 号楼
邮　　编:100055
网　　址:http://www.hwcbs.com.cn
电子邮箱:songjunzhan@sina.com
电　　话:总编室 010-58336210 发行部 010-58336271 编辑部 010-58336192
经　　销:新华书店
印　　刷:德富泰(唐山)印务有限公司
开　　本:787×1092　1/16 开本　126 千字
印　　数:10001-15000 册
印　　张:12.25 印张
版　　次:2017 年 2 月第 1 版
印　　次:2020 年 8 月第 2 次印刷
定　　价:48.00 元

前　言

现如今，我们行走在台湾的大街小巷，都会被那些带着浓浓中华传统气息的地名所感染，长治、琉球、寿丰、龟山、龙潭等以中国传统文化精粹命名的一个个地名就像一盏盏古色古香的竹篾细纱灯笼，依稀映照出国学繁衍发展的历程，也在不经意间就用那无声的光影触动了我们胸膛中的那颗“中华心”。当然，台湾也有不少类似于大陆绝大多数城市都有的“北京路”“云南路”那样的以中国重要城市或省份命名的街路，比如说“青海路”“厦门路”。但是，台湾更多的大街小巷却是以“仁爱”“八德”“忠孝”“信义”等中国传统文化精粹命名的，原来的草山现在被称为“阳明山”，是以精通儒家、道家、佛家的心学集大成者王阳明的字来命名的。由原来的荒山变成现在的佛教圣地的佛光山，它的路牌上则写着“对感情不执不舍，对五欲不贪不拒。对世间不厌不求，对生死不惧不离”的佛教箴言。

就这样，中华传统文化精粹就这样点缀在了台湾的大街小巷上，让每一位路过的人都感受到了国学的熏陶，其厚度与魅力也深深地印在了他们的心上。实际上，之所以会让很多大陆人产生“国学在台湾”的深刻印象，并不仅仅是因为那些印着厚厚国学痕迹的地名与路名，而是因为台湾人留给他们的谈吐印象。相比于习惯于用简体字书写的大陆人，至今还在使用繁体字的台湾人受到国学的影响则更为深刻，他们的语言风格处处透露出“古色古香”的韵味，他们身上的那股子谦和礼让也时时闪现着国学的修养与熏陶，他们的生活习惯与方式迄今为止也还保留着对于中华传统文化的那份遵从……

过去的数十年里，国学在台湾教育中一直占很大的比重。在20世纪70年代之前，国学的比重占到整个台湾国文教材的4/5。之后，随着台湾越来越开放，国学在教育中的比重有所下降，但是依然保持着一个远远比大陆高很多的水准，而一般的家庭也会从小就开始传授他们国学知识，几岁的台湾幼童能够背诵《三字经》《百家姓》等国学入门读物是很常见的事情，随着孩子的年纪不断增长，他们又会逐渐接触《论语》《孟子》《中庸》《诗经》等国学经典典籍，在台湾大学，就连十分冷门的音韵、训诂之类的课程也有很多的学生选修——国学对台湾人的影响会伴随他们的一生。

享有“国学大师”美誉的台湾知名学者傅佩荣在谈到台湾国学教育知识，曾自豪地说道：“台湾的国学教育一直在持续。小学、中学、大学三个阶段的学校都在逐步教授各种国学著作，现已形成良好的氛围，并且将其渗入个人生活态度和习惯。”著名政治家、台湾新党前主席谢启大也曾经说过类似的话：“在我们读高中的时候，所有的高中生必须要背《论语》《孟子》《大学》《中庸》，‘四书’是我们的必读书。”

曾任台湾地区领导人马英九在竞选之时就用《论语》中的“不患无位，患所以立”来表达自己的政治观点——毕业于哈佛大学的他从少年时期就在父亲的指导下熟读唐诗三百首以及《古文观止》《左传》《论语》等经史百家，古文功底可谓是十分深厚。而被称为“台湾经营之神”的王永庆更是深受中华传统经商哲学的影响，他始终把节俭、务实等精神作为赚钱的法宝，他的“节省一元钱等于净赚一元钱”不但被台塑集团的员工们奉为经典，也被无数的企业管理者称为“王永庆法则”。

在当前这个处处充满浮躁气息的社会，国学对中国人的生活产生越来越重要的影响，我们应该坚持对国学传统文化的学习，在国学智慧的浇灌下做一个更出色的中国人。国学本身所涵盖的内容是复杂而又多样的，它不仅包括了在古代中国长期占据正统地位的儒家学说，还包括了很多其他相关的学说派系，对于每一个中国人而言，国学就是这个古老的民族永远都不会割舍的文化之魂，是了解这个民族的正面与侧面的最佳途径。因此，我们需要这么一本书——《国学在台湾》。

本书第十六课摘选了台湾国民中学国文第六册课本中的四篇课文（南一书局企业股份有限公司出版），对其南一书局和几位老师一并表示感激，并预留稿酬，以表诚谢！

国学在台湾

GUOXUE ZAI TAIWAN

目 录

第一课 国学大师的教诲

——国学在我们的心眼里，是“国故学”的缩写

第二课　古圣先贤的得失之道

——人生如棋，落子无悔；世事若梦，缘起无常

第三课　老祖宗为人处世的智慧

——以出世之心做人，以入世之心做事

第四课　百善孝为先

——为人若是不知孝，不如禽兽实可怜

第五课　中国人的仁爱智慧

——以爱己之心爱人，以度己之心度人

第六课　上下五千年的帝王权术

——坐稳皇帝宝座，必有雷霆手段

第七课　闪耀世界的兵法谋略

——知彼知己，百战不殆；兵者诡道，谋而后动

第八课　品味圣贤的境界

——人生的最高境界是耐得住寂寞与孤独

第九课 赏读儒家的君子之风

——岂能尽如人意，但求无愧我心

第十课 品读国学中的美德

——心中要有一把不偏不倚的尺子

第十一课 国学里的那片禅意

——胸襟宽大条条都是大路，心意清净处处都是净土

第十二课　体味道家的风骨

——道法自然必能功成名就，知足惜福方能逍遥自在

第十三课　领略法家思想

——仓廪实知礼节，衣食足知荣辱

第十四课 修身治学

——人性善的光辉会将自家的恶迹掩埋

第十五课 人生必须要有信仰

——当你失去信仰的时候，你的世界正在坍塌

第十六课　台湾国文课本

与大陆不一样的教学方式和编写程序

国学在台湾

GUOXUE ZAI TAIWAN

第一课

国学大师的教诲

——国学在我们的心眼里，是“国故学”的缩写

国学的天空一直是那么的蔚蓝，可是生活在这个喧嚣年代里的我们，却总是忘记了抬头望一望那片天，也忘记了胡适、徐复观、南怀瑾、星云大师等一个个承载着中华国学的名字。可是，随着生活节奏的越来越快，我们却不得不仰起头望着国学的天空，因为它能够让我们那一颗颗躁动的心渐渐平复下来。每一次翻开一本传统经典著作，我们都能让疲惫的心灵得到休憩；每一次聆听国学大师的箴言，我们把生活的枷锁暂时抛在一边。而这，就是国学的魅力，就是国学大师们魅力……

胡适：国学为捉妖打鬼，解放人心

当时胡适曾经在一篇文章叫《整理国故与打鬼》里面扬言，整理国故是为了要捉妖打鬼，目的在于重新固定一切价值，解放人心。但是，后来者未必都能体会其意。反而扛起发扬民族精神感情的旗帜，竟使得学术成了为民族主义而服务的工具。

——梁文道

中华文明浩瀚五千年，每一代中国人的血液里都涌动着华夏传统文明的基因，不论是大富大贵的权贵阶层，还是每日为生活奔波的底层民众，骨子里都对中华传统文明有一种难以割舍的感情。但是，在 19 世纪末 20 世纪初期的那段时间里，随着西方文明在中国的广泛传播，国学遭受到史无前例的冲击的同时，也有一些思想僵化的封建知识分子一味地强调要不惜一切代价去“保存国粹”，主张凡是老祖宗传下来的东西都是正确的，都是无可辩驳的。面对这一情况，胡适在认真思考和冷静分析的基础上掀起了一场“整理国故学运动”，他说：“现在有许多人自己不懂得国粹是什么东西，却偏要高谈‘保存国粹’……现在许多国粹党，有几个不是这样糊涂懵懂的？这种人如何配谈国粹？若要知道什么是国粹，什么是国渣，先须要用评判的态度，科学的精神，去做一番整理国故的工夫。”

在掀起了这场大规模的国学整理运动之后，胡适又在《〈国学季刊〉发刊宣言》中，提出了具体的整理方法：

我们观察这三百年的古学史，研究这三百年的学者的缺陷，知道他们的缺陷都是可以补救的；我们又返观现在古学研究的趋势，明白了世界学者供给我们参考比较的好机会，所以我们对于国学的前途，不但不抱悲观，并且还抱无穷的乐观。我们认清了国学前途的黑暗与光明全靠我们努力的方向对不对。因此，我们提出这三个方向来做我们一班同志互相督责勉励的条件：第一，用历史的眼光来扩大国学研究的范围。第二，用系统的整理来部署国学研究的资料。第三，用比较的研究来帮助国学的材料的整理与解释。

国学整理运动掀起之后，胡适投入了大量的精力去研究国学，为国学发展作出了巨大的贡献，他最突出的贡献就是在《红楼梦》和《水浒传》上所取得的成果，在研究考证这两部古代恢宏巨著的时候，他以新颖的方法和严密精准的论证确立了一种新的学术典范。在研究《红楼梦》的时候，他以原著为基础，广泛搜集了与原著有关的各种资料，最终指出这本影响中国文学史百余年的“奇书”是作者的自叙传，为“红学”的研究指明了新方向，被称之为“新红学”。在《水浒传》的研究过程中，他在查阅了大量的野史、民间传说和话本等资料的基础上，根据历史在不同时期的演变形态来分析，最终指出该书是在历经几百年的民间传说之后，由不知名的人署施耐庵的名字加工整理而成。

在国学整理运动进行了几年之后，对于国学有了深刻理解的他又指出：“中国的一切过去的文化历史，都是我们的‘国故’；研究这一切过去的历史文化的学问，就是‘国故学’，省称为‘国学’。‘国故’这个名词，最为妥当；因为他是一个中立的名词，不含褒贬的意义。‘国故’包含‘国粹’；但他又包含‘国渣’。我们若不了解‘国渣’，如何懂得‘国粹’?”

胡适晚年在出任台湾“中央研究院院长”之后，在国学研究上仍然不遗余力，他先后搜集了四十多个版本的《水经注》，总计抄写了一百多篇长篇文章和一些考证文字，用了成百上千证据推翻了一个“惊天历史冤案”，即证明戴震抄袭赵一清《水经注》校本一事为子虚乌有。

可以说，胡适在国学上的努力研究不但让自己拥有了深厚的国学造诣，也让自己成为后人研究和学习国学道路上的一盏灯塔。台湾著名学者李敖在谈起胡适的时候说道：“在启蒙人物中，胡适是最稳健、最优秀、最高瞻远瞩、最具潜德幽光的哲人智者。宋朝朱熹有诗说：‘旧学商量加邃密，新知培养转深沉。’胡适一生，可谓身体力行，因此他死后的遗产与遗爱，最令我们珍惜。”

所以，现代人在研习国学之时，就应该以胡适为榜样，有取有舍，找对方法，如此才能够在国学研习上有所造诣。

【国学智慧】

张爱玲在《忆胡适之》一文里讲道：“我觉得不但我们这一代与上一代，就连大陆的下一代，尽管反胡适的时候许多青年不知道在反些什么，我想只要有心理学家研究所谓民族回忆这样东西，像‘五四’这样的经验是忘不了的，无论湮没多久也还是在思想背景里。……不免联想到弗洛伊德研究出来的，摩西是被以色列人杀死的。事后他们讳言，年代久了又倒过来仍信奉他。”对于现代的年轻人来说，胡适两个字已经成为了一个遥远的绝响，这位从安徽绩溪走出来的文化巨匠已经距离现代人越来越远了，可是他对于现代人的影响却依然没有减弱，尤其对于那些喜欢国学、热衷于国学研究的人来说，学习胡适在国学方面的研究方法和独有之心得仍是领略国学之美，深刻读懂国学的重要途径。

林语堂：人生不完满是常态，而圆满则是非常态

在不违背天地之道的情况下，成为一个自由而快乐的人。这就好比一台戏，优秀的演员明知其假，但却能够比在现实生活中更真实、更自然、更快乐地表达自己，表现自己。人生亦复如此，我们最重要的不是去计较真与伪，得与失，名与利，贵与贱，富与贫，而是如何好好地快乐地度日，并从中发现生活的诗意。从某种程度上说，人生不完满是常态，而圆满则是非常态，就如同“月圆为少月缺为多”道理是一样的。如此理解世界和人生，那么我们就会很快变的通达起来，也逍遥自适多了，苦恼与晦暗也会随风而去了。

——林语堂《人生不过如此》

曾数次获得诺贝尔文学奖提名的林语堂脚踏中西文化，以《京华烟云》《吾国吾民》等震惊世界文坛的重磅力作将中国文化推向了全世界。而对于人生，他则认为大家都应该“成为一个自由快乐的人”。

“在不违背天地之道的情况下，成为一个自由而快乐的人。”就是说，我们应该顺应天地之道，与草木为友，和四季相亲，让生命在自然的土壤里悠闲地蠕动，打开套在自己灵魂中的一道道枷锁，让人生获得自由与快乐。

许多人都会经常思考：自己究竟为什么活着？如何才能够活得自由而快乐？可是终究都没有找出一个合适的答案，只能在现实生活中不断地逃避自己内心的追问，用逃避来为心灵搭建一个宁静的港湾。

可是，逃避真的可以吗？我们都可以一直逃避下去吗？

答案当然是否定的，因为我们总有一天会逃无可逃。所以，我们必须学会顺应天地之道，让自己的心灵获得宁静的同时，用勇敢和坚强去抵挡泪水的侵袭与生活的重压，渐渐地，让自己成为一个自由而快乐的人。

漫漫人生旅途中，总有许多无奈的时候，有些时候甚至让我们觉得生活已经没法再继续了，既看不清前方的道路，也找不到回去的退路，整个世界似乎处处充斥着孤寂与愁苦的滋味。不过，我们在哭得满脸是泪水的时候，也不要违背自己的内心去强颜欢笑，因为人生就像天空的那一轮圆月，月牙总有一天会变成满月，我们何必在人生的低潮期就轻易地放弃呢？

月亮还未变成圆月之际，我们需要坚持和勇敢地活下去。但是，当我们迎来人生的“圆月期”的时候，也千万不能自满，因为“月盈则亏”。所以，只有当我们时刻保持着谦虚和坚韧的态度去面对人生，就能够正确地看待人生——“人生不完满是常态，而圆满则是非常态。”

【国学智慧】

生活中，希望和绝望是相互交织的，当你能够正确地看待生活的时候，它就是一条充满了希望的光明大道，而当你的瞳孔中布满了绝望之时，它就是一条布满荆棘的坎坷之路。所以，我们应该明白，人生没有处处是完满的，只有努力地去寻找自由和快乐，才能够得到自己梦想的幸福生活。

南怀瑾：清明澄澈，此生做个自然人

我们上古老祖宗的那个时候，人都自然，不用修道，个个有道，在道的境界。他在睡觉时“徐徐”，“徐徐”是怎么个睡法？就是睡觉很悠然，舒服得很。难道现在的人睡觉不悠然？现在的人睡觉是很不悠然，很紧张。尤其是在外国文化生活影响之下，每一分每一秒都紧张得很，所以睡觉睡得很不好，加上闹钟也闹不醒，很可怜。

——南怀瑾

国学大师南怀瑾认为：为人处世必须要道法自然，即便是遭受多么大的挫折与诱惑，也应该做一个清明澄澈的“自然人”，凡事以自然之心对待，绝不勉强为之。

南环瑾先生五十五岁那年，去一家理发店理发，理发师发现他头上有很多白头发之后便劝他去染发。结果，他委婉地拒绝了这个建议，回家后还写了一首《理发师劝染发戏作》：

世人多畏发初白，却喜头颅白似银。
免去风流无罪过，何须装扮费精神。
渐除烦恼三千丈，接近仙灵一性真。
对镜莞尔还自笑，依然故我我非新。

这首诗虽然是一首打油诗，但这个事情的本身却证明了他的胸膛中跳动着一颗“自然心”。“自然心”其实就是平常心，即是道法自然的“道”。对于平常心，南怀瑾先生的看法是：“‘圣人无名’。无所谓圣人不圣人，最伟大的在最平凡里头，能够做到真正的平凡，‘无己’、‘无功’、‘无名’，功盖天下而自己觉得没有做过事，道德修养才能达到圣人的境界。”

要做一个清明澄澈的自然人，就必须有一颗平常心，而要有一颗平常心，则必须要有宽广的胸膛。法国大作家雨果曾经说过：“世界上最宽阔的东西是海洋，比海洋更宽阔的是天空，比天空更宽阔的是人的胸怀。”中国也有一句形容胸怀宽广的俗语，即“宰相肚里能撑船”。

试想一下，如果我们没有“肚里能撑船”的宽宏大度，那我们怎么才能保持一颗平常心呢？我们常常觉得活得太累太苦，总是怀念孩提时候的快乐时光，终其原因就是我们的心随着年纪的增长和阅历的增多，逐渐变得不再自然——我们住着花园别墅，还可能因为缺少一个大的室外游泳池而烦躁；我们每天吃得饱喝得足，但却为银行存款没有超过七位数而夜里睡不踏实；我们干着自己最喜欢的工作，可还是会因为别人的薪水比自己高而郁郁寡欢……

这一切，就是因为我们对自己不够大度，只看到自己不好的地方，却看不到自己好的地方。所以，很多的时候，我们也应该心胸宽广一些，对自己大度一些，想多买一套房子的时候，不如拿着钱去旅行、读书、品味生活的美好，想要让自己的银行存款数额的后面再加一个零的时候，不如去一趟佛堂、过几天乡村生活、回老家看望看望久未谋面的亲人。

总之，只要我们能够听从南怀瑾先生的教诲，做一个清明澄澈的自然人，就能够让自己的人生变得绚烂多姿起来。

【国学智慧】

如果我们的心承载了太多了世俗之重，那我们就会失去那颗清明澄澈的自然心，此后的一生也必然无法体会到自由自在的快乐，因为我们的心已经被世间繁芜给遮蔽，失去追求本真的梦想。因此，我们应该聆听南怀瑾先生的谆谆教诲，让自己此生做个自然人，时刻保持一颗清明澄澈的自然心。

傅佩荣：把握生命的全局，提升生命的境界

30 岁之前要读儒家，40 岁之后读道家，50 岁左右读《易经》。因为 30 岁以前你投入社会，准备成家立业，一定要非常积极地面对人生，当然要学儒家。从 40 开始一定要学道家，因为到那个时候你已对人间冷暖、人性善恶有了更全面的认识，应该用道家的智慧将人生看成一个整体，要逍遥一些。50 岁左右则要读《易经》，学会把握生命的全局，提升生命的境界。

——傅佩荣

傅佩荣先生，现任台湾大学哲学系教授，曾经师从台湾著名学者方东美，是现在台湾的著名国学大师。在近三十年的学术研究历程中，他在中国传统文化的研究上颇有建树，重新译解《大学》《中庸》《论语》《孟子》、《老子》《庄子》《易经》等国学经典著作。

在深谙中国传统文化的傅佩荣先生看来，一个人要实现自己的人生价值，那就必须把握生命的全局，提升生命的境界——如果我们都只是片面地看待生命，看待自己的生活，不想着去提升自己生命的境界，那我们肯定会庸庸碌碌地过完一辈子，成为茫茫人海中的一个普通过客而已。

那么，我们该怎么才能把握生命的全局，提升生命的境界呢？

首先，我们应该懂得珍惜自己。傅佩荣先生说：“所谓珍惜自己，不是自怜，更不是自负，而是肯定每一个人都应该承担自己生命成长的责任，这种责任其实是一种荣誉。”试想一下，一个人连自己都不懂得珍惜自己的时候，那他又怎么去看待自己的生命呢？只有懂得珍惜自己，才能够去仔细地打量人生、打量这个世界，最终努力去做出改变。

其次，我们应该学会吃苦。古语有云：吃得苦中苦，方为人上人。我们未必就要做人上人，但是我们要想活得有尊严、有滋味、有意义，那么我们就必须有吃苦精神，努力去创造舒适美好的生活，努力去提升自己的人生质量。对此，傅佩荣先生说：“吃苦不是为了胜过别人，而是为了迎向生命的真实面貌，因为在苦难中，生命没有任何遮蔽，可以展示其深度、广度与高度。”

最后，经常思考，看看自己的人生是不是按照自己设想的计划在进行。傅佩荣先生说：“年轻的时候知道人生全部可能的情况，将来自己面对的时候，就多了一个参照点。就像自己过的人生只能有一种版本，但是其他人提供各种不同的版本，把它对照起来以后就更容易看清楚自己这一生应该怎么去做选择，应该怎么过。”如果我们在思考的过程中，发现自己的人生计划出现了偏差，那么就应该及时作出改变，积极调整，努力维护，不断地向着自己梦想的远方前行。

【国学智慧】

关于生命，关于人生，傅佩荣先生如是说：“一个人也有整合的问题吗？我想到的结构，是指人的‘身、心、灵’三者而言。既然是三者，当然需要整合了。……活着是一回事，但更重要的是：活着并且清楚知道自己的人生方向。人生的发展，须以‘现在’做为辐轴之核心，藉以统合过去与未来。人生的结构，则以身为基础，向上寻求心与灵的整合。两者兼顾，才是完美的组合。”

徐复观：拒绝荣华富贵，一生一世清修

“程朱异同”一文，以“为己之学”贯通孔孟程朱陆王学派，老庄对知识与人生的态度与儒学异，但其学问方向亦与此相通，此乃余最后体悟所到，惜得之太迟，出之太骤，今病恐不起，亦未能继续阐述为恨。

——《中国思想史论集续编自序》

说起国学大师们，徐复观是一位绕不开的人物。

1903 年，徐复观出生在湖北浠水的一个普通家庭。他八岁起就进入私塾跟着做教师的父亲读书，开始接受传统国学的启蒙教育。二十三岁那年，已经有着深厚国学造诣的他考进了湖北省武昌国学馆，潜心研究古史经籍。二十六岁的时候，他因为成绩优异而被湖北省政府资助前往日本留学。在日本留学期间，他涉猎了经济、哲学、艺术、政治等学科，学识水平大大提升。“九一八”事变后，正在日本留学的他因为强烈反对日本侵略中国而被拘留三天，最后被送回中国。

抗日战争时期，一心报国的徐复观受到蒋介石的器重，成为总统侍从室的随从秘书，进入了国家权力中心。抗日战争快要结束的时候，他在重庆拜会了著名国学大师熊十力先生，被熊十力的“亡国族者常先自亡其文化”这句话深深打动，决心脱离政界回归学术研究。抗战胜利后，他以陆军少将军衔退役，不久在南京创办了学术刊物《学原》，开始全身心地投入学术研究中。

从身享荣华富贵的政府高官到无官无衔的清贫书生，徐复观的这种改变令人看来十分的不可思议。但是，在徐复观看来，这并不是什么值得讨论的事情，因为他是一个从骨子里喜欢学术研究的人——要在学术研究上有所成就，就必须拒绝荣华富贵，一生一世去清修，学术研究的道路上没有太多的物质财富，只有耐得住荣华富贵的诱惑，才能有所成就。

1949 年，年近五十的徐复观跟随败退的蒋介石前往台湾，定居台中，先后在台湾省立农学院、私立东海大学和香港中文大学担任客座教授。离开大陆后，他先后写出了《中国人性论史》《中国艺术精神》《公孙龙子讲疏》等著作，奠定了其一代国学大师的历史地位。

1982 年，一代国学大师徐复观在台湾离世，享年八十岁。五年之后，一直渴望落叶归根的他（他曾在给家乡人的信中写道：“万一在港随草露以俱化，如得政府许可，亦当埋骨灰于桑梓之地。”），终于重回故里，他的儿子捧着他的骨灰回到湖北浠水，安葬在了故乡的土地上……

【国学智慧】

对于任何一个潜心于学术的人来说，如果摆脱不了荣华富贵的诱惑那么就肯定无法实现自己的学术理想，因为学术研究就是一种清修，只有摆脱物质欲念的人才能够体会到其中的乐趣与快乐。所以，对于生活在当前这个物欲横流的现代社会中的人来说，要想做一个真正的学问大家，那就必须像徐复观一样，拒绝荣华富贵，一生一世清修。

净空法师：嫉妒是产生种种罪业的根源

嫉妒，这是严重的障碍，种种罪业就从这里产生，必须要把它拔除！用什么方法？用“随喜”。随喜，这个功德无量无边，它能破我们的嫉妒障碍烦恼。

——净空法师语录

净空法师，他不但是台湾的一代高僧，更有着深厚的国学造诣。他早年跟随著名国学大师方东美学习国学，后又跟随佛教领袖藏传高僧章嘉呼图克图潜心研习佛法，最终成为一代佛门大师。

在净空法师看来，嫉妒是产生种种罪业的根源，因为嫉妒这种十分卑下的情感，不但能够让人心胸狭隘，还会让人丧失理智酿成祸患。对于大多数人来说，在某些时候都有过嫉妒心理，别人风光耀眼之时，恰恰是自己嫉妒怨恨的时候。更有甚者，一些人在妒火中烧的时候犯下了弥天大祸，不但给别人带来了无可挽回的损失，也让自己连悔过改正的机会都没有了。

在中国传统文化中，对于嫉妒的讽刺与危害几乎可以用随处可见来形容。比如说，每一个中国人都熟悉的《三国演义》中诸葛亮与周瑜的故事，气度狭隘的周瑜在被诸葛亮气得奄奄一息之际，发出了“既生瑜何生亮”的临终感慨。再比如说，庞涓嫉妒孙膑，最终落得战败人亡的下场。相比之下，很多心胸宽广的人却因为“不嫉妒”而留名青史，比如说廉颇与蔺相如，蔺相如凭借着自己的宽宏大度最终让廉颇感动不已，亲自背着荆条上门请罪，最后在历史上留下了著名的“将相和”的故事。

从前有一个农夫，养了一只山羊和一头驴子。每当山羊看到农夫给驴子的食物比自己更多之时，便妒火中烧，恨不得用羊角戳死驴子。一次，山羊又看到农夫给驴子的食物比自己更多之时，便决定想一个办法去坑害驴子。

山羊对驴子说：“你瞧瞧，咱们主人对你真是太坏了，你每天要干那么多的重活儿，他却并不是很关心你，你这样下去真是太不值当了。”

驴子听了之后，想想也觉得是，便气咻咻地问山羊：“山羊老兄，那你说说这件事情该怎么办呢?”

山羊装作很关切驴子的样子说：“你在去山下驼水的时候，故意假装发疯从山坡上掉下去，这样以后就可以好好休息一阵子了。”

驴子听了山羊的话后，觉得这个主意真是太棒了，第二天便在驼水的时候装作发疯从一个很陡的山坡上滚了下去。结果，由于山坡实在是太陡峭了，驴子真的被摔成了重伤。农夫看到驴子受伤之后，心疼不已，赶忙请来兽医来医治。令山羊没有想到的是，兽医在看了驴子的伤势之后告诉农夫，“只好驴子的伤势的最好药物就是找一只新鲜的山羊肺，晒干后研成粉末撒在驴子的伤口上。”

农夫听了兽医的话后，马上宰杀了山羊，用它的肺去治疗驴子的伤。

心怀嫉妒的山羊没有想到，自己出的馊主意不但让驴子受了重伤，还让自己丢掉了性命。可是，放眼茫茫人海，又有多少人和这只山羊没有多少区别呢? 很多时候，我们在嫉妒心的驱使下，干出一些挑拨离间、损人不利己的事情，结果往往是像这只山羊一样害人不成反害己。

因此，我们每一个人应该认真听从净空法师的箴言，做一个能控制嫉妒心的人，在看到别人的长处或者一些比自己做得好的地方，要用欣赏的眼光去看待别人，不要总是心存怨恨——别人之所以比我们得到的多，别人可能流的汗水也比我们多；别人之所以比我们看上去更幸福，可能别人承受过的

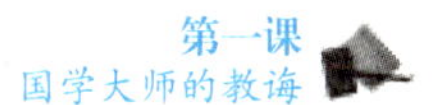

痛苦也比我们多得多。

少一些嫉妒，你便能收获幸福！

【国学智慧】

嫉妒是铁索镣铐，将心灵的美好死死地禁锢，关闭上了那扇看到希望与快乐的门窗。嫉妒更是一把黑色的钥匙，它让每一个人都有了打开潘多拉魔盒的机会，让每一个人灵魂中的黑暗得到释放。我们要想幸福，要想得到福报，就应该不去羡慕别人，而是从别人身上学到更多的东西，让别人身上的长处和优点也在自己的身上开花结果，爱护别人，利人利己，方能赢得幸运女神的青睐。

星云大师：感悟舍得，拥抱幸福人生

舍，看起来是给人，实际上是给自己，给人一句好话，你才能得到别人回你一句赞美；给人一个微笑，别人才能对你回眸一笑。舍和得的关系，就是因和果，因果是相关的，舍与得也是互动的。能够舍的人，一定是拥有富者的心胸；如果他的内心没有感恩、结缘的性格，他怎么肯舍给人，怎么能让人有所得呢？他的内心充满欢喜，他才能把欢喜给你；他的内心蕴藏着无限的慈悲，他才能把慈悲带给你。

——星云大师

人世间愁苦之事何其多哉？唯有舍得，才能脱离苦海，拥抱幸福人生。

舍得一词，语出自《了凡四训》。古代的时候，“舍”写作“捨”，即用手将东西递给别人。可是，当“舍”和“得”两个字组合在一起之后，却创造出一种独特且无法言说的妙境，“舍得”者，实无所舍，亦无所得，是谓“舍得”。

台湾高僧星云大师一再告诫我们：舍得不但是一种佛法感悟，更是一种处世的哲学与做人的态度。舍与得就好比天与地、阴与阳、水与火一般是对立而又统一的。世间万物，无不相生相克、相辅相成，只有和谐统一方能够臻至圆满。因此，我们在做人的过程中，一定要准确把握舍与得之间的平衡，不要因为想着“得”而忘记了“舍”，殊不知，有时是“舍”比“得”更重要。古语云：“舍得，舍得；小舍小得，大舍大得，不舍不得。”佛说：“何时放下，何时就没有烦恼”。说的就是这个道理：只有懂得舍弃，才能真正获得。

司马迁说：“天下熙熙皆为利来，天下攘攘皆为利往。”在星云大师看来，尘世之间，很多人修炼不出舍得心态，很大一个原因就是读不懂一个“利”字，看不透人与金钱的关系。所以他说：“多少人生前节衣缩食，克勤克俭，分毫也不肯浪费，终其一生，余下一大笔家产，或放高利贷，或私自保管，一旦临命终时，来不及处理财物，或被充公，或被吞没，枉费自己一生辛劳，终无所得。有些人则拼死拼活，赚钱置产，给子女留下一笔庞大的遗产，可是当他死后，子女或为分财动武，或吃喝嫖赌，挥霍殆尽，丝毫没有体谅父母生前的劳苦。因此有人说：留给子女最好的财产，不是金银财宝，也不是洋房汽车，而是道德学问与技能修养。所以说，钱财是身外之物，不能拥为己有，也不必为儿孙徒做马牛。”

钱能换来土地，但却买不到祖国；
钱能换来房子，但却买不到家庭；
钱能换来性爱，但却买不到真情；

钱能换来名牌，但却买不到荣耀；

钱能换来药品，但却买不到健康；

钱能换来文凭，但却买不到知识；

钱能换来计谋，但却买不到思想；

钱能换来美食，但却买不到胃口；

钱能换来仆人，但却买不到忠诚；

钱能换来慈善，但却买不到良心；

钱能换来衣服，但却买不到气质；

钱能换来职位，但却买不到敬佩；

钱能换来朋友，但却买不到友谊。

看破“利”字，修炼舍得心态，对于大多数人来说无疑是一件说起来容易做起来难的事情。可是，不论多么的困难，我们还是应该努力去做，因为这关系到我们的一生是否幸福。那么，我们在修炼舍得心态的过程中，该如何去做呢？星云大师给出的答案是：“自己有财，才能舍财；自己有道，才能舍道。有的人心中只有贪嗔愚痴，他给人的当然也是贪嗔愚痴。所以我们劝人不要把烦恼，愁闷传染给别人，因为舍什么就会得什么，这是必然的结果。”

所以，我们应该明白：要想修炼舍得心态，首先得让自己成为一个在各方面都“有”的人，有了才能舍得，没有自然无法舍得。因此，我们要调整好心态，努力地去生活，在物质和精神上都取得了收获之后，再去做决定，看看自己真的缺少什么，需要用哪方面的“舍”去换取哪方面的“得”。

如此，我们才能真正做一个懂得取舍的人，成功拥抱幸福人生。

【国学智慧】

咸有咸的味道，淡有淡的滋味。人生本有潮起潮落，我们要学会平和地去看待一切，懂得舍弃心态去对待人世间恩恩怨怨，要做到“宠辱不惊，闲看庭前花开花落；去留无意，漫随天外云卷云舒”。能留下的东西自然会留下，留不住的东西百般强求也是一番徒劳。所以，就让一切随缘，让时间将一根根烦恼丝都带走，从容淡定地去面对一切，面对人生。

第二课

古圣先贤的得失之道

——人生如棋，落子无悔；世事若梦，缘起无常

人生就是一个在得与失之间来回往复的过程，有得有失，得失参半，昨日有人长街买醉以消解痛苦，明日又有人长街摆宴分享喜悦，有人得就必有人失，世间多少烦琐事，不过就是得失两个字。所以，我们在得到的时候不要太兴奋，在失去的时候也不要太悲观，因为只要你保持一颗平常心，笑对生活中的潮起潮落，就能在得与失之间找到平衡点，最终健步如飞地奔跑在人生道路上，早日奔向自己在心里早就搭建好的那座幸福城堡。

得道多助，失道寡助：得民心者得天下

天时不如地利，地利不如人和。三里之城，七里之郭，环而攻之而不胜。夫环而攻之，必有得天时者矣，然而不胜者，是天时不如地利也。城非不高也，池非不深也，兵革非不坚利也，米粟非不多也，委而去之，是地利不如人和也。故曰，域民不以封疆之界，固国不以山溪之险，威天下不以兵革之利。得道者多助，失道者寡助。寡助之至，亲戚畔之。多助之至，天下顺之。以天下之所顺，攻亲戚之所畔，故君子有不战，战必胜矣。

——引自《孟子·公孙丑下》

这段话的意思是：有利于作战的天气时令比不上战场上的有利地形，而有利地形呢？又比不上人心所向、团结一致。一座方圆三里的内城，一座方圆七里的外城，包围起来却可能攻不下来。采用四面包围的方式攻击城池，又有利的作战天气，但还是不能取胜。那么，就一定是缺少地利了。可是，有些时候，城墙不可谓不高，护城河不可谓不深，武器装备不可谓不好，粮食准备不可谓不充足。但是守城者却弃城而逃，这又是为什么呢？肯定是因为守城者军心涣散才弃城逃跑的。

所以说，要让人民安定下来而不外迁，不能仅仅依靠划定的疆界界限；要想国防安全巩固就不能靠山河关险；威震天下不能仅仅依靠强大的武力。那些懂得施以仁政的君主，都能得到很多忠心跟随的人；那些不懂得施以仁政的君主，就会弄得人心惶惶，得不到大家的支持，甚至会众叛亲离。因而，那些施以仁政的君主，天下人都会归顺于他，他就能牢牢地掌控天下，做到战无不胜。

茫茫人海中，你要想从其中脱颖而出，成为万众仰慕的人，那么你就必须懂得“得道者多助，失道者寡助”的道理。不论是在生活中，还是在工作中，都应该懂得“聚人心”，只要你的身边是一群鼎力支持你的人，那么你想想你还会遭遇失败吗？就算遭遇失败，那也只能算是跌倒，而且大家都会马上将你扶起来。

【国学智慧】

“天时、地利、人和”这三个概念是“亚圣”孟子提出来的，并且采用层层推进的方式强调了“人和”的重要性——只有处理好人与人之间的关系，大家和睦一致，没有勾心斗角，互相之间懂得谦爱礼让，才能够形成“人和”的局面，如此方能幸福快乐地生活与工作。

得失之心：做人应该轻得失，做事需要重选择

文章千古事，得失寸心知。

——唐·杜甫《偶题》

这是两句流传千古的诗句，其大意是作诗著文是一件千古不朽的事，但其中的得与失只有诗人自己心里最为清楚。事实上，不仅作诗著文如此，做人也是同样的道理：一个人就算成为一个千古不朽的伟人，可是得与失之间

的滋味也只有自己最清楚。

所以，明白得与失，是一个人一生中必须去弄清楚的一件事情。假若，一个人没有了得失之心，那么他自然是一个十分消极的人，生命中的美丽片段他看不见，人生旅途中的漂亮风景他亦瞧不见，因为失去了得失之心的他已经无法再感触这个世界了。

一个人，若真的失去了得失之心，那他真的就是一具行尸走肉了。

为人，重要的是要有得失之心。可仅仅是拥有得失之心就够吗？答案是：拥有得失之心，关键就是要明白，做人应该轻得失，做事需要重选择。很多的时候，我们之所以在“得”与“失”之间摇摆不定，就是因为你不能当机立断，不会选择，既放心不下当前，也割舍不下过去或者未来，最终在舍与不舍之间错失机会，空留悔恨。

由此可见，得与失的关键就是你会不会选择——做人要把得失看得淡一些，在做事的时候要冷静地去选择，不焦躁、不胆怯、不要计较一时的得失，遵从自己的内心与现实的客观条件做出抉择。

把得失看得淡一些，这对于很多人来说都是异常困难的一件事情。很大程度上就是因为他们太在乎输赢。因此，对于这些十分看重输赢的人来说，总是把输赢得失看得比泰山还重，最后只能落得一个自忧自怜自恨自愤的结果。

也许，把输赢看得淡一些，就会把得与失看得淡一些，最终我们可能越能活出一个真实的自己。

【国学智慧】

都说人生是一部不惧怕剧透的大戏，因为结局都清楚地摆在了那里。既然我们都知道结局会怎么样，为什么不能洒脱地活一辈子呢？但是我们要洒脱，却不是要放纵。从始至终，我们都应该记住一句话：敦厚做人重品行，淡泊名利轻得失。

塞翁失马：坏事在一定条件下可变为好事

近塞上之人，有善术者，马无故亡而入胡。人皆吊之，其父曰："此何遽不为福乎？"居数月，其马将胡骏马而归。人皆贺之，其父曰："此何遽不能为祸乎？"家富良马，其子好骑，堕而折其髀。人皆吊之，其父曰："此何遽不为福乎？"居一年，胡人大入塞，丁壮者引弦而战。近塞之人，死者十九。此独以跛之故，父子相保。

——引自《淮南子·人间训》

在靠近边塞地区的百姓中，有一个非常精通卜算的人，他家养的马无缘无故地跑到了北方胡人的领地去了。对此，很多的人都来安慰他，结果他却说："这怎么就不能看作一件好事呢？"几个月之后，之前跑失的马竟然回来了，而且还带回了一群胡人的骏马。这个时候，人们又纷纷上门道贺，他却一反常态地说："谁又知道这不是一件祸事呢？"他的家里养了很多的马，儿子也非常地喜欢骑马。一次，儿子骑马的时候不小心摔了下来，直接摔折了腿，成了一个跛子。在人们又一次上门安慰他的时候，他再一次说："这怎么就不能看一件好事呢？"一年之后，胡人大举入侵边塞地区，当地的壮年男子都被征召去打仗，只有这个人的儿子因为是个跛子而没有应征，父子俩得以保全性命。

"塞翁失马，焉知非福"的故事传播了千百年，上至街头的老妪下至学堂的幼童，几乎都听过这个故事。可是，又有多少人在遭遇"塞翁失马"的境况之时能有“焉知非福”的心态。很多时候，人们在遭遇挫折困境或喜乐之事的时候，不是悲观失意就是洋洋得意，根本看不到现实遭遇的背后隐藏着的悲与喜。所以，人们总是在逆境中表现得无比悲观，在顺境中又因为失去风险意识而遭遇灾祸。

古时候的台湾，有一位乐观又有智慧的书生，在生活中遭遇了坏事的时候，都会劝勉自己要向好的方向看。后来他做了县太爷的幕僚后，衙门里一旦发生了不好的事情，他都会告诉县太爷这可能也是一件好事情。久而久之，县太爷觉得这个书生简直就是个庸才，觉得他是个没有多少真才实学的人。

一天，县太爷外出办案被匪徒袭击受了重伤，整个县衙的人都觉得这是一件坏事儿。可是，这位书生还是像之前一样，说县太爷受重伤在当前来看是一件坏事儿，可未来就有可能是一件好事儿。书生的话很快就传进了县太爷的耳朵里了，县太爷闻听此言后大怒，觉得这位书生不怀好意，幸灾乐祸。于是，县太爷下令，将书生关进了大牢。

书生被关进大牢一个月后，巡抚大人下来视察，看到在办案中受了重伤的县太爷，觉得这个知县是个好官，马上给他官升一级。这位县太爷已经做了十年的知县了，一直都在为如何升官而发愁，没想到就此因祸得福而官升一级。

县太爷升官后想到了那位已经被关进大牢的书生，马上派人把他放出来，并且擢升他为自己的首席幕僚，薪俸增加了一倍。书生被放出来后，县太爷向他表示歉意。结果书生说：“你把我关进大牢去，也不是一件坏事啊。”县太爷吃惊地问道：“你就因为一句话就进了大牢，还怎么不是坏事呢?”书生笑着说：“我如果不进监狱，怎么能成为您的首席幕僚呢?”

书生说罢，两人哈哈大笑了起来。

从上面这个故事中，我们更能体会到：好事情和坏事情都是在一定条件下可以转换的。所以，我们就必须冷静去面对生活，面对一切的不如意，面对一切可让我们兴奋得失去清醒头脑的事情，都要保持足够的理智，时刻谨慎面对，才能让自己在生活和工作中不出现太大的失误，最终让自己成为一个幸福的人。

【国学智慧】

“塞翁失马，焉知非福”的道理很多人都懂得，可是在实际生活中我们却总是忘记了这则寓言给我们的启示。因此，在生活中我们更要时刻保持冷静，对于好的事情，我们一定要注意风险，千万不要乐极生悲，而对于坏的事情，我们也不要忧心忡忡，甚至万念俱灰，换个角度看问题，没准就能够迅速找到自己满意的答案。人生在世，就好比江上行船，遇到风浪的时候不要恐惧，顺风顺水的时候也不要掉以轻心，只有时刻向着正确的方向，时刻为成功靠岸去做准备，才能让自己一辈子都一帆风顺。

王侯将相宁有种乎：无法选择出身，但可以选择命运

且壮士不死则已，死即举大名耳，王侯将相宁有种乎？

——引自《史记·陈涉世家》

公元前209年，被罚作苦役的陈胜和吴广在走到大泽乡时号召起义，他们向天下发出了不屈服于命运的呐喊：“有权有势的高贵的人，难道生来就比别人高贵吗？王侯将相的荣华富贵都是他们自己打拼出来的吗？我们为什

么不应该为改变自己的命运而起义呢?”

在台湾，很多人在年少之时就会聆听到这句话——父母亲、老师教给他们这句话，目的就是要孩子不要屈服于出身和命运的不公，你们无法选择自己的出身，但是你们却可以选择自己的命运！

生活中，我们总是能够听见很多人抱怨自己出身不好，抱怨自己不是“官二代”“富二代”，将自己无法实现理想的原因归结于没有一个优渥的家庭环境。事实上，他们迟迟无法取得成功的最主要原因就是自己不够努力！

试想一下，一个整天怨天尤人且毫不努力的人，又怎么会取得成功呢?

对于那些出身低微的人来说，上苍也给予了同样的改变命运的机会——只要你足够努力，只要你选对了正确的奋斗方向，不要因为眼前的“失”而放弃未来的“得”，那么你肯定能够实现自己的人生理想！

明太祖朱元璋幼年的时候生活十分贫苦，整日里连吃饱肚子都很困难。他的父亲叫朱五四，“五四”其实就是一个不能算作名字的名字，因为他贫贱得连个好点的名字都没有。因为，元代汉人百姓如果不上学的话是不能有名字的，只能以父母年龄相加或者出生的日期命名。

出生在贫苦家庭的朱元璋，一度流落为僧人。但是，不管生活是多么的残酷，他始终相信自己可以改变自己的命运。正是在这种信念的激励下，他加入了元末农民起义军，最终通过不懈的奋斗夺取天下，成为了明朝的开国皇帝，揭开了大明王朝的序幕。

纵然我们不能选择自己的出身，但是我们却应该时刻谨记：即使出身低微、命运坎坷，可是那又能怎样，幸运女神最青睐的人，都是那些屡败屡战，敢于扼住命运咽喉的人！只要我们坚定地选择自己的人生道路和奋斗目标，并不断为之付出汗水与智慧，那么总有一天会实现自己的梦想。

【国学智慧】

难道命运真的是天注定的吗？可以肯定的是，每一个人的人生都不会被命运左右。你有一个能够给你一座金山银山的家庭，但是你却未必能够是那位合格的“财富守护者”；你出生在一个穷困潦倒的家庭，但这并不意味着你一生都是“贫穷的固守者”。命运的这条线其实都掌握在每一个人自己的手中，命运之神从来都不可能轻易就左右你的人生，因为这世界上本身就没有命运之神。这世界能够左右我们命运的，只有努力、聪慧、勇敢和一点点的幸运！

逆水行舟不进则退：停留也意味着失去

夫旧而能守，斯亦已矣！然鄙人以为人之处于世也，如逆水行舟，不进则退。

——出自梁启超《莅山西票商欢迎会学说词》

一个人能守住自己本来的旧貌，本来也算可以了。但是梁启超却认为身为这世间之人，做人处世处，就像逆着水流的方向行船，不努力就要后退。

逆水行舟不进则退，因为每一次停下也都意味着失去。有句古诗说得好：“花开堪折直须折，莫待无花空折枝。”在追求成功的道路上，很多人总是因为停留而失去了时间与机会。

在人生的得与失之间，很多人都会犯在逆水中停下来的错误。殊不知，正是在我们停下来的时候，别人才迅速地超越我们，拿走本属于我们自己的荣誉、机会、财富等“贵重物品”，最终还将我们远远地甩在了身后，留给我们的只有失望、悔恨和不甘心。正因如此，我们才要不断地划动手中的船桨，让人生这艘船不断地向前行驶。当然，在累了的时候也可以适当地休息，可千万不能将适当休息变成停滞不前。

逆水行船，自然极为费力，因此在这个奋勇向前过程中肯定有人会心生埋怨。总觉得自己付出如此之多，得到的却如此之少，眼看着那些顺流而下的人，不用费力即可一路通达，其内心深处自然会泛起一层层充满着怨恨之气的涟漪。应该说，他们在注意到别人比自己更容易的同时，却忽视别人与自己方向的不同。顺流而下的人不管行驶得多么轻松，他们却最终只向着“下游”奔去；逆流而上的人不管行驶得多么的费力，他们始终都在向着“上游”而奋斗。所以，每一个在逆流中奋斗的人都应该时时刻刻明白：埋怨，这是懦夫们的表现；努力，才是真正的人生态度，今天的艰难付出，是为了让明天走得更轻松。

事实上，有些人在逆水中停滞不前，是因为他们在停下来计算眼前的得失。对于这些人来说，他们最应该做的就是不要着眼于眼前，而是要用长远眼光来看待当下的得与失——人生如逆水行舟，你不进则别人进，你后退而别人未必后退。所以，我们不能计较一时的得与失，而是要一直奋勇向前。

【国学智慧】

一个人的一生就如同航行于大海之上的一叶帆船，每个人就是屹立于船头的艄公。所以，我们不能因为一遇到挫折就裹足不前，甚至一蹶不振，而是应该时刻都明白，不管是搁浅也好，还是触礁也罢，只要生命之火没有熄灭，就应该越挫越勇，逆流而上。在品味人生的得与失之时，我们一定要懂得逆水行舟不进则退的道理——在逆水中原地踏步，那么只能走向灭亡，这就是“失”；逆流而上，适应环境，把握机遇，才能创造新的辉煌，这就是“得”。

坦然面对：生活再艰辛，也要坚强活下去

舜发于畎亩之中，傅说举于版筑之中，胶鬲举于鱼盐之中，管夷吾举于士，孙叔敖举于海，百里奚举于市。故天将降大任于是人也，必先苦其心志，劳其筋骨，饿其体肤，空乏其身，行拂乱其所为，所以动心忍性，曾益其所不能。

——《孟子·告子下》

舜是从田野间被启用的，他原来在历山耕田，三十岁时，被尧起用，后来继承尧的君主之位。傅说是从筑墙的泥水匠中被选拔出来的，他原在傅岩地方作泥水匠，为人筑墙，殷王武丁访寻他，用他为相。胶鬲是从卖鱼盐的商贩中被选拔出来的，他起初贩卖鱼和盐，周文王把他举荐给纣王，后来又辅佐周武王。管夷吾从狱官手里获释放被录用，他（管仲）原为齐国公子纠的臣，公子小白和公子纠争夺群位，纠失败了，他便被作为罪人被押解回国，齐桓公知道他有才能，即用他为相。孙叔敖是春秋时期楚国人，他隐居海滨，楚庄王知道他有才能，用他为令尹。百里奚是春秋时期虞国的大夫，虞王被俘后，他由晋入秦，又逃到楚，后来秦穆公用五张羊皮把他赎出来，用为大夫。所以，上天将要降落重大责任在这样的人身上，一定要先使他的内心痛苦，使他的筋骨劳累，使他经受饥饿，以致肌肤消瘦，使他受贫困之苦，使他做的事颠倒错乱，总不如意，通过那些来使他的内心警觉，使他的性格坚定，增加他不具备的才能。

穿行于台湾的大街小巷，看着来来往往的人流，眼前那些卖特色饮食的小摊贩、计程车司机、西装革履却面带疲倦的赶路人，不禁会感慨活着真累！是的，很多时候，我们都会发出这样的感慨，尤其是在那些不顺心的日子里，各种不如意交织在一起后自然有一种活着太累的感觉。

活得真累，其实已经成为一种现代人的通病，你不光能够在台湾的街头巷尾感受到，在纽约、在法兰克福、在东京等世界一流城市你依然能够感觉到。可是，我们就能因为活得累而轻易放弃自己的人生吗?

肯定不能，因为活得累就轻易放弃自己的人生，那你就是这个世界上最懦弱的人。还是老祖宗那句话说得好："好死不如赖活着。"当然，赖活着也不行，我们必须活得精彩，让自己的人生有价值——我们要有天降大任于斯人的意识，明白只有自己不断地去拼搏奋斗，忍受常人所不能忍受之苦，才能拥有轻松快乐的生活，人生再也不会那么累!

在遭遇不顺心的时候，我们必须学会坦然面对。看看那些每天一大早就出海捕鱼的渔夫，看看那些早出晚归在农田里忙活的农夫。生活那么艰辛，他们却活得有滋味有味，把歌声留在大海深处，把欢笑声留在田间地头，日复一日的辛苦劳作不能摧毁他们的生活信念，相反却让他们更加坦然地去面对这一切，最终把日子过得快乐而又红火。

所以，生活再艰辛，我们也要坚强活下去，要坦然去面对这一切。你若坦然面对，未来还有希望；你若死心放弃，未来就只有绝望!

孰对孰错，你自然明了!

【国学智慧】

天空留不下我的痕迹，但我已经飞过。这句话应该是对"坦然面对"的最好诠释。如果失败的人生是一种经历，那我们应该学会在失败中走向成熟，坦然面对人生的风浪，秉持一颗积极向上的"得失心"，不畏生活的艰辛，时刻保持远大的目标理想，未来必定前途不可限量。

君子之心：不计得与失，做人坦荡荡

子曰：“君子坦荡荡，小人长戚戚。”

——《论语·述而》

在孔子看来，一个人倘若是个君子，那必然具备宽广的胸怀，可以容忍自己的错误，更能容忍别人的错误，在生活工作中不计个人利害得失。相反，那些心胸狭窄，与人为难、与己为难，时常忧愁，局促不安，就不可能成为君子，甚至可以称之为小人。

由此可以看出，坦荡是一种大度宽容的胸怀。古语有云：“泰山不避细壤，故能成其大；江海不择细流，故能成其深。”说得也是这个道理。所以，做人，心底无私天地宽，坦荡做事快乐多。人生冷暖，世事无常。丢掉那份虚伪，摒弃那些顾虑，不计较一时的得失，勤勤恳恳，坦坦荡荡，乃做人之大智慧。

《吕氏春秋》中有这样一个典故，疑邻盗斧，“人有亡鈇者，意者邻之子，视其行步，窃鈇也；颜色，窃鈇也；言语，窃鈇 也；动作态度，无为而不窃鈇也。俄而扣其谷而得其鈇，他日复见其邻人之子，动作态度，无似窃鈇者。”这个典故用现在的话翻译过来就是：有一个丢失了斧头的人，总是怀疑是邻居的儿子偷了自己的斧子，因此觉得对方的走路姿态、脸上神色、语言谈吐都是很可疑的，看起来非常像偷斧子的人，等到有一天他的斧子找到了，便觉得邻居儿子的各个方面都不像是那个偷窃斧头的人。

从表面看上，这段话告诉世人：在生活中千万不能就轻易怀疑别人，如果没有证据证明就最好不要直接去怀疑别人，因为怀疑通常是一种感觉，而感觉往往都是靠不住的。可是我们仔细一思量就会发现，真正让我们做出轻易就怀疑别人的举动的根本原因就是，自己不够坦荡，经常会犯“以小人之心度君子之腹”的错误。试想一下，如果疑邻盗斧中的那个人在发现斧子丢失之后就胸怀坦荡荡地直接去邻居家询问，是不是就不会出现乱怀疑别人的事情呢？就算邻居真的偷了斧子，他去问又不告诉他，那又能怎么样？如果真是这样的话，那他就可以坦坦荡荡的去寻找邻居偷盗斧子的证据了，不用整天疑神疑鬼了。

在我们的现实生活中，很多人都缺乏坦坦荡荡的胸怀，总是疑神疑鬼，千小心万谨慎，害怕自己被别人算计了，最终导致自己总是接二连三地犯“疑邻盗斧”的错误，成为同事朋友眼中的戚戚小人，落得一个坏名声同时还让自己的人脉圈越来越小。所以，我们要想生活在梦想的幸福生活中，就必须不计较，看淡得与失，无论在何事何物中都能保持一种平衡，不受世间风云繁杂种种所羁绊，如此才能让我们迷茫中看到灯塔，走出一条属于自己的成功之路来。

【国学智慧】

胸怀坦荡的人必定拥有丰富的人生，因为坦荡里面有“玄机”，它能够让一个失意人的突然顿悟，心里豁然开朗，发现人生并不如自己想象的那般黑暗。“山重水复疑无路，柳暗花明又一村”，说的就是这样的一种顿悟，说得就是这样的一种境界。另外，胸怀坦荡不但能够让我们正确地面对“得与失”，也是一种自我保护的好方法，因为你的坦坦荡荡，所以大家对你也是肝胆相照。

第三课

老祖宗为人处世的智慧

——以出世之心做人，以入世之心做事

幸运不是突然从天而降的，好命也不是上天早就赐予的，而是我们集中了各种处世的智慧一点一点积累来的。所以，我们要想拥有快乐幸福的人生，就不妨多读读老祖宗的处世智慧，洞悉世情，善于待人接物，学会与人相处，长于思辨谋划，最终选择最适合自己的活法，才能活出令别人艳羡的精彩人生。

难得糊涂：会装糊涂的人往往都是胜利者

聪明难，糊涂尤难，由聪明而转入糊涂更难。放一着，退一步，当下心安，非图后来福报也。

——清代大学者郑板桥

当你晚上漫步在台湾街头的时候，总是会听见一些白须飘飘的老者在聊天娱乐之余，会发出“难得糊涂”、“刚才糊涂一下子就好了吗”的声音。为什么他们总是要说与“糊涂”有关的事情呢?

难得糊涂，这是清代大学者郑板桥书写的四个大字，也是他留给后世最宝贵的一份处世智慧。

传说，难得糊涂是郑板桥在山东莱州的云峰山写就的。有一年，喜欢钻研书法的郑板桥去看郑文公碑，看得痴了便忘记了在天黑之前下山，最后只能踏着月光住进了山间的一栋茅舍里。茅舍的主人是一位气度儒雅的老者，其自命为“糊涂老人”。郑板桥和老者一交流，竟然发现其出口不俗，对世间之事有着相当独到的见解。郑板桥在老人的书房里看到了一块有方桌那么大的砚台，质地细腻，篆刻精美。观赏之余，郑板桥十分的喜欢。

老者见郑板桥很喜欢这方砚台，便请他在砚台的背面题字。思忖良久，郑板桥觉得再也没有比“难得糊涂”四个更为贴切，于是便将这四个字题在了砚台的背面，并用了“康熙秀才雍正举人乾隆进士”的方印。因为砚台上还有很多的空白处，郑板桥便让老者写一段跋语。老人接过笔后便写下了一段令郑板桥大为惊叹的话，“得美石难，得顽石尤难，由美石而转入顽石更难。美于中，顽于外，藏野人之庐，不入宝贵之门也。”写完跋语之后，老者转身拿出一块方印印上，印下的字是“院试第一，乡试第二，殿试第三”。

郑板桥看完一下子就羞愧得满面通红，原来老者的应试成绩比他好多了，老人考秀才的时候是第一名，考举人的时候是第二名，考进士的时候是第三名。羞惭之余，郑板桥又提笔在砚台背面的空白处写下了这样一段话，“聪明难，糊涂尤难，由聪明而转入糊涂更难。放一着，退一步，当下安心，非图后来报也。”

岁月荏苒，时过境迁，当年故事里的人与事早已经成为了漫漫历史长河里的一滴水珠，早已难寻踪迹。不过，“难得糊涂”这四个包含深刻处世智慧的大字却仍然像一颗光芒璀璨的大珍珠，无比的耀眼——后世的人们感慨这“难得糊涂”四字中富含的处世哲学，便以横联的形式挂于家中，每每作为处世的警言。

世道艰辛，人心难测，所以我们必须要做到“难得糊涂”。“难得糊涂”，仅从字面意思来看，无非就是有时候睁一眼闭一眼，假装看不见，眼不见为净，要懂得明哲保身。但是，这真的是“难得糊涂”这四个字真正要告诉我们的处世智慧吗？恐怕不是，做人做事要难得糊涂，关键就是要看得开，也要懂得以柔克刚的道理，一堵坚固的城墙火烧不下、战车撞不塌，但是水却能够将其泡塌。为人处世其实也就这么简单，你糊涂一些，不总去显摆自己的才华与真正的实力，反而能少招致一些的嫉恨或灾祸。如果你处处都表现得比别人聪明，那么别人必将处处与你一争高下，最后陷入恶性的竞争中后，不但施展不出自己的才华和聪明，还会遭遇处处碰壁的困境。

因此，每一名华夏儿女都应该时刻谨记着老祖宗的这句字字珠玑的遗训：聪明难，糊涂尤难，由聪明而转入糊涂更难。放一着，退一步，当下安心，非图后来报也。

【国学智慧】

难得糊涂是一种处世智慧，并不是一种消极的生活态度。因为，难得糊涂的本质是一种生活的境界，是一种修养和气度，而不是无原则地放纵和麻木不仁。我们在生活的时候，不能对自己要求的太过苛刻，所谓“水至清则无鱼”，糊涂一点儿也可能在为人处世上做得更好，把人情世故参悟得更加透彻。

水以柔全，谷以卑安：凡事不要太过张扬，要低调

金以刚折，水以柔全，山以高陊，谷以卑安。

——晋·葛洪《抱朴子·广譬》

金属所以易断折，是因为它刚强；水所以能安全，是因为它柔和；高山容易发生山崩而坠落，是因为它高；山谷所以能平安自适，是因为它低。这几句话以自然物性为喻，阐述一种哲理，一种社会现象：刚强耿直的人，容易受挫折、遭打击；柔和无争的人，则能够明哲保身。“露头的椽子先烂”，“树大招风”，地位高的头面人物，竞争者多，树敌也多，易受攻击，也容易倒台；地位低下的人，默默无闻，不为人所知，也不为人所重，倒常平安无事。所以，我们从这几句话中得出了这样一个结论：凡事不要太张扬，要低调。

对于台湾人来说，低调一直是他们身上最特别的标签，也是他们为人处世的智慧之一。相比之下，现在很多的大陆人的高调做法却是非常惹人反感，比如那些在网上高调炫富的人，比如那些在现实生活中处处炫耀的人。

在当前这个物欲横流的年代里，张扬高调似乎已经成为了一种时尚。很多人甚至发出了这样的声音，“做人做事不高调，不如回家卖红薯”。似乎，做人做事不够高调，就不太容易取得成功一样。纵观古今，那些取得成功的人都是一些低调的人，因为他们清楚地知道“木秀于林，风必摧之”的道理，在奔向成功的道路上从来都不做“出头鸟”，只是低着头向着既定的目标努力奔跑，最终才让自己一展心中的宏愿——低调的人就像大海，表面上波澜不惊，内部却波澜壮阔。

那么，低调到底是什么呢？低调其实就是一种优雅的处世智慧，是一种豁达的人生态度，它代表着理性和睿智，要求我们矫揉造作、不假惺惺、不招人嫉妒。当然，低调也是一种有修养的体现，体现出你受过良好的教育，体现出你不错的涵养。

【国学智慧】

低调是一个巨大的保护伞，能够为我们抵御很多的伤害，并且让我们明白自己该如何保护自己，维护自己，怎么做才会在生活的大风大浪中立于不败之地。

以暴制暴留下的只有伤害：以德报怨，方能收获恩惠

梁大夫有宋就者，尝为边县令，与楚邻界。梁之边亭，与楚之边亭，皆种瓜，各有数。梁之边亭人，劬力数灌其瓜，瓜美。楚人窳而稀灌其瓜，瓜恶。楚令因以梁瓜之美，怒其亭瓜之恶也。楚亭人心恶梁亭之贤己，因夜往窃搔梁亭之瓜，皆有死焦者矣。梁亭觉之，因请其尉，亦欲窃往报搔楚亭之瓜，尉以请宋就。就曰："恶！是何可？构怨，祸之道也，人恶亦恶，何褊之甚也。若我教子，必每暮令人往，窃为楚亭夜善灌其瓜，勿令知也。"于是梁亭乃每暮夜窃灌楚亭之瓜。楚亭旦而行瓜，则又皆以灌矣，瓜日以美，楚亭怪而察之，则乃梁亭之为也。楚令闻之大悦，因具以闻楚王，楚王闻之，惄然愧，以意自闵也，告吏曰："微搔瓜者，得无有他罪乎？此梁之阴让也。"乃谢以重币，而请交于梁王，楚王时则称说梁王以为信，故梁楚之欢，由宋就始。语曰："转败而为功，因祸而为福。"。老子曰："报怨以德。"此之谓也。

——汉·刘向《新序·杂事第四》

梁国有一位名叫宋就的大夫，他曾经在一个与楚国临近的一个边境小县做县太爷。当时，梁国的边境军民和楚国的边境军民都种了瓜，且各有各的种植方法。梁国的边境军民勤劳认真，经常灌溉他们的瓜田，因此他们的瓜长势很好。楚国呢？恰好与梁国相反，他们的边境军民都非常的懒惰，几乎

不去管理他们种的瓜，因此瓜的长势很不好。楚国县令发现这一情况后，就斥责楚国的边境军民们没有将瓜种好。令人吃惊的是，受到斥责的楚国边境军民不去反思自己的过错，却在内心深处非常的嫉恨相邻的梁国军民，于是在深夜里前去翻动梁国军民的瓜，所以梁国军民种植的瓜总是枯死。

梁国的军民发现了这一情况后，就晚上偷偷地去楚国的瓜田里灌溉，这样一来楚国的瓜长势也变得好起来了。楚国的军民发现了梁国军民的这一秘事后，都觉得非常奇怪。宋就在得知了这件事情后非常的高兴，马上将这件事情报告给了楚王。楚王听了之后心里又惭愧又愁闷，这件事情也逐渐成为了他的一种心病。于是，他告诉负责这方面的主要官吏，“查一查是哪些人去梁国的瓜田里捣乱，他们是不是还犯有其他的罪行？这是梁国人以特别的方式在斥责我们啊。”随后，他有拿出丰厚的礼物送给梁王，宋就也向梁国道歉并请求建交。楚王称赞梁王，认为他是一个守信用的人。因此，梁国和楚国两国之间的友好关系就是从宋就开始的。古语说得好：“让失败转化为功绩，就相当于把灾祸转变成了幸福。”《老子》里面讲道：“应当用恩惠来回报别人的仇怨。”说的就是这个道理。别人已经做错了事情，我们为什么还要效仿呢？

“以德报怨”，这是我们在生活中最常听见的一句话，可是很多人都做不到。因为，这是一种大多数人很难拥有的处世智慧——在别人损害到你的利益之时，你却要用恩惠、爱心和宽大的胸怀去回报别人，多少人能够做到这一点呢？对于很多人来说，在遇到别人损害自己利益的情况之时，做得最多就是以仇报怨。

用仇恨去化解怨恨，最终收获的可能还是仇恨，这就相当于用暴力去解决暴力，最终留下的只有伤害。因此，在我们在生活中，一定要懂得以德报怨的处世智慧，面对仇恨的时候千万不要用更加仇恨的手段去解决，而是要用自己的人格力量去感动别人，让别人真心实意地敬佩你，最终也用一颗感恩的心去回报你。

【国学智慧】

《老子》六十三章也说："为无为，事无事，味无味。大小多少，报怨以德。"佛家也说："开大肚以渡众生"。以暴制暴留下的只有伤害，这是亘古不变的道理，所以我们不要总是去干一些以怨报德的事情，这样只会让仇恨的火苗越来越旺，最终酿成不可追回的可怕后果。

与人为善：与人方便就是给自己方便

井收，勿幕；有孚，元吉。

——《易经·井卦》

《易经·井卦》的意思是：水井养人润物的功德业已完成，不要盖上井盖，要继续诚心诚意地为人们提供饮水的方便，因为这是功德无量的事。滋养世人的伟大功业取得了巨大的成功，自然就会大吉大利。

从《易经·井卦》中我们可以看出，善待别人就是善待我们自己，与人方便就是自己方便。无论我们是在贫困落魄的时候，还是在取得辉煌成就的时候，都应该与人为善、与人方便，这样才能够让自己保持好运。

在台湾，很多的年轻人在外出工作之时，家里人都会叮嘱他们："出去干活一定要处处与人方便，要给自己多条路，不要给自己处处添南墙。"事实上，在我们的现实生活中，都避免不了要与各种各样的人打交道，如果我们不能与别人好好相处，总是给别人添堵，那我们还能收获良好的人际关系吗？

答案肯定是否定的。因此，我们要想收获良好的人际关系，那就必须本着与人方便的原则，只要你不遇见那些没道德的人，这样的做法只会让你一直受益。

首先，我们要和别人友好相处。如果你总是对人不够友好，那么就算你给了别人方便，别人也可能不会感激你。所以，我们必须要友好待人，不要总是粗言粗语，或者一副冷冰冰的模样。

其次，修桥补路，积德行善。多修桥，多补路，才能够赢得大家的好感，这样大家才会愿意与你合作，从而让你拥有不错的人际关系。

【国学智慧】

孟子曰："君子莫大乎与人为善。"善待他人，与人方便，是我们在人际交往中必须遵守的一条重要原则。在当前这个讲究"多赢"的年代里，你只有处处与人为便，才能够得到别人的信赖与尊重。正所谓，赠人玫瑰手有余香，说的就是这个道理。

胯下之辱：能屈能伸是大智慧

淮阴屠中有侮信者，曰："若虽长大，好带刀剑，中情怯耳。"众辱之曰："信能死，刺我，不能死，出我胯下。"于是信孰视之，俛出胯下，蒲伏。一市人皆笑信，以为怯。

——《史记·淮阴侯列传》

韩信是汉高祖刘邦手下的头号战将，汉朝建国后被封为淮阴侯。但是，就是这样一位位及王侯的大人物，小时候竟然也遭受过胯下之辱。当年，韩信的家中贫寒，每天一大早就去淮阴城下钓鱼卖钱讨生活。

一天，他在街头遇上了一个小混混，小混混就嘲讽他：“韩信，你每天出门的时候腰里都悬挂着一柄宝剑（家传之剑），可又有什么用呢？你长得这么高大，可是胆子却怎么这么小呢？”很快，周围的人都围拢了上来。小混混一看人围观的人多了，便接着侮辱道：“韩信，你敢和我拼命吗？你要是敢，就用你的剑刺死我，要是不能，那你就得从我的胯下钻过去！”

说完，小混混便叉开两条腿站在那里挑衅地看着韩信。令周围看热闹的人意想不到的是，韩信竟然直接走了过去，然后趴下身子从小混混的胯下钻了过去，周围爆发出了一阵哄笑声，所有的人都觉得韩信就是一个“怂包蛋”。

忍受了胯下之辱的韩信却并不是一个没有志向的人。他之所以能够忍受胯下之辱，是因为他心中怀着远大的抱负——如果拔剑杀了那个小混混，自己非但什么也得不到，还可能搭上一条命。很多年后，忍受了胯下之辱的韩信成为汉朝的开国元勋。在他被封为淮阴侯之后，很多人都以为他会找那个当年欺负他的小混混报仇，但是他却派人找来那个小混混做巡城捕盗的武官，并对手下的将军们说：“这个人是一位壮士，当年他侮辱我的时候我不能杀了他吗？但是杀了他又有什么意义呢？所以，我当时忍下了这口气，并时刻警醒我自己，最终我才有了今天的这份功业。”

要想成就大事，必须懂得小不忍则乱大谋的道理。一个想要成就一番大功业的人，在有了敢和命运抗争的勇气之后，还需要一颗“忍耐之心”——面对挫折，面对屈辱，你只有忍得住才能挺得住，而挺得住则能等来成功机会，最终让你实现心中的远大抱负。

事实上，忍，也是一种武器，是一种取得胜利的战斗策略。忍人一时之辱、一时之困，一方面可以摆脱被动的局面，另一方面也能让自己看清楚自己还需要做出什么样的改变。《菜根谭》里说：处事让一步为高，退步即进步的根本；待人宽一分是福，利人是利己的根基。

所以说，如果一个人能忍得住怒火、贪念、屈辱，那么他就能够成就一番大业。

【国学智慧】

忍辱不仅仅是一种境界，更是一种睿智。能够忍辱的人，往往一生平安、幸福快乐。不能忍辱的人，则会在是非纷争中斤斤计较，局限在当前的纷争之中，从而遭受更大的灾祸。所以，真正的聪明人，都是能够忍辱的人，因为忍辱是一种高明的处世智慧。

国学在台湾

GUOXUE ZAI TAIWAN

第四课

百善孝为先

——为人若是不知孝，不如禽兽实可怜

百善孝为先，孝敬父母是一种高雅的快乐，更是人世间最美的一种情怀。羊羔有跪乳之恩，乌鸦有反哺之情，如果我们连自己人生中必须承担的尽孝义务都推脱的话，那可谓是连禽兽都不如了。所以，在父母晚年之际，我们一定要恪守孝道，尽心尽意去侍奉他们，就像他们这么多年以来照顾我们那样去回报他们。千万不能留下“子欲养而亲不待”的遗憾。

扇枕温席：孝敬父母是与生俱来的职责

黄香，字文强。父兄举孝廉，贫无奴仆，香躬勤苦，尽心供养，冬无被袴，而亲极滋味，暑即扇枕，寒即以身温席。

——引自《二十四孝》

黄香是古代有名孝子，母亲早逝，他知书达理，在炎热的夏天，他用扇子扇凉席子让父亲睡，冬天则先钻进被窝温热被子让父亲睡。他当魏郡太守时当地遭遇洪灾，他拿出自己的俸禄和家产救济灾民。人们称他："天下无双，江夏黄香。"

有句古话说得好："百善孝为先。"意思是说孝敬父母是所有高尚品德中最为重要的一种，无论我们在其他方面做得多好，只要你是一个不孝顺父母的人，那么你并不是一个品德高尚的人。

自古以来，孝道一直就是中华民族的传统美德，儒家更是将"孝"作为考核一个人品德高下的重要方面，因为孝道是做人的根本。儒家的著名人物曾子就曾说过："其为人也孝悌，而好犯上者鲜矣；不好犯上而好作乱者，未之有也。君子务本，本立而道生；孝悌也者，其为人之本与?"意思是：孝顺父母，顺从兄长，而喜好触犯上层统治者，这样的人是很少见的。不喜好触犯上层统治者，而喜好造反的人是没有的。君子专心致力于根本的事务，根本建立了，治国做人的原则也就有了。孝顺父母、顺从兄长，这就是做人的根本啊!

在中国古代，孝顺一直都是考察一个人德行的重要条件，盛行一时的“举孝廉”就是将一个人是否孝敬父母作为政治评定的一个重要参考选项。现代社会里，孝敬父母的人依然是十分受人尊敬的。所以，我们一定要懂得孝敬父母，恪守孝道，诚心诚意地去侍奉为我们付出了许多的父亲和母亲。

事实上，孝敬父母，不仅仅是做人的根本，更是一种与生俱来的责任——我们之所以能够来到这个美好的人世间，都是父母亲的恩泽。父母亲给了我们生命，更是将我们从幼小的孩童哺育成大人，数十年的艰辛，数十年的操劳，才有了我们今天的幸福。所以，不论什么时候，我们都应该孝敬父母，因为孝敬父母是每一个人与生俱来的责任，你没有任何权力去推脱。

【国学智慧】

“树欲静而风不止，子欲养而亲不待。”是的，趁父母健康的时候多尽一点孝道，多尽一点做子女的义务和责任，比什么都好——尽孝要趁早，不要让自己留下永远无法挽回的遗憾。

负米养亲：尽孝必须要诚心实意

周仲由。字子路。家贫。尝食黎藿之食。为亲负米百里之外。亲殁。南游于楚。从车百乘。积粟万钟。累裀而坐。列鼎而食。乃叹曰。虽欲食黎藿之食。为亲负百里之外。不可得也。有诗为颂。诗曰：“负米供甘旨。宁辞百里遥。身荣亲已没。犹念旧劬劳。”

——引自《二十四孝》

周朝的时候，有个叫仲由的人，字子路。家里很贫穷，时常在外面采集藜藿等野菜当食物。而子路为了赡养父母双亲，常常到百里以外的地方背回米来，尽到自己的孝心。等到父母去世了以后，他就往南方去游历。到楚国时，因为楚王敬慕他的学问人品，就聘请他在楚国做了官，做官以后，便富贵起来，他出外跟随的车马，有一百多乘；他官俸积存的米粮，有一万多钟。但是子路仍然不忘父母的劳苦，感叹说："即使希望再同以前一样生活，吃藜藿等野菜，到百里之外的地方背回米来赡养父母双亲，可惜没有办法如愿以偿了。"有诗颂曰："负米供甘旨，宁辞百里遥；身荣亲已没，犹念旧劬劳。"

所谓尽孝道，就是要像子路一样，做到由内而外的"孝"，真心实意地去回报父母的生养之恩。孔子曾经说过："父在观其志，父没观其行；三年无改于父之道，可谓孝矣。"什么意思呢？就是说要看一个人是不是有孝敬父母的良好品德，就要在他父亲健在的时候观察他的志向，他如果是孝子的话这时候一定会听从的父亲的话树立远大理想，为了未来而努力。等到他父亲不在的时候，则应该观察他的行为，如果他还是能够严格要求自己，遵照父亲生前的要求继续去奋斗，三年时间没有什么变化，那他就是一个不折不扣的孝子了，因为他如果不是一个真心实意去尽孝心的人的话，他是坚持不了这么长时间的。

做一时的孝子很简单，做一辈子的孝子则很难。所以，我们必须时刻提醒自己，不断地去严格要求自己，不断地去感激父母亲的养育之恩，要发自内心的去尽孝，做一个真正的孝子。

如此，我们才能无愧于父母，无愧于自己的灵魂。

【国学智慧】

父母亲就像微风细雨一样滋润着我们的生命，润物无声，深情无限，为我们在人生的旅途中撑起了一片片绿荫。所以，我们在尽孝之时一定要诚心

诚意，千万不要把孝道挂在嘴边而不付诸行动——父爱厚重如山，母爱浩瀚似海，只有我们真心实意地去珍惜，才能对得起他们的辛劳付出。

弃官奉亲：为尽孝甘愿抛弃官爵

除长安令，征补博士，未召，以母疾辄去官，免。

——引自《晋书》

潘岳，字安仁，荥阳中牟人，晋武帝时任河阳县令。他事亲至孝，父亲去世后，他就接母亲到任所侍奉。他喜植花木，天长日久，他植的桃李竟成林。每年花开时节，他总是拣风和日丽的好天，亲自搀扶母亲到林中赏花游乐。一年后，母亲染病想念家乡。潘岳得知了母亲的心愿，马上决定辞官奉母返回家乡。

上官听潘岳要辞官的消息后再三挽留，但他毫不动摇，说："我若是贪恋荣华富贵，不肯听从母意，那算什么儿子呢?"上官被他孝感动，便允他辞官。回到家乡后，他的母亲竟然病愈了。因为家中较为贫寒，他就耕田种菜卖菜，之后再为母亲买回爱吃的食物。他还喂了一群羊，每天挤奶给母亲喝。在他精心护理下，母亲安度晚年。后来有人写诗赞赏他，诗曰："弃官从母孝诚虔，归里牧羊兼种田；藉以承欢滋养母，复元欢乐事天年。"

在当前这个物质条件极度发达的年代里，很多人都错误地认为只要给父母亲不错的物质生活条件就是尽孝道。殊不知，太多的物质条件却未必能够让父母亲在晚年过得快乐安心——有时候，回家陪父母亲吃一顿家常便饭，也胜过给父母钱让他们去高档饭店吃一顿大餐；有时候，陪父母亲聊一会儿家长里短，比送他们出去旅行一趟更能让他们舒心……

所以，我们要像潘岳一样，在侍奉父母双亲的时候，不要总是注重物质条件，还应该注重精神条件，因为只有父母亲活得开心，我们尽孝才有意义。不然，给再多的钱也都是浪费！浪费的不仅仅是钱，还有父母对于我们的期盼！

【国学智慧】

生而为人，就应该孝顺父母亲人。有些人认为，只要给父母亲足够好的物质生活就是尽孝，殊不知这不过是一种形式上的尽孝，因为这只是“外安其身”。我们要给父母亲真正的尽孝，那就必须要做到“内安其心”。换句话说，只有父母亲真正感受到快乐之时，我们才算真正尽了孝道。如果，我们对父母亲真的内心有爱，那就必须让他们在物质上和精神上都足够丰富。

亲尝汤药：愿意为父母付出一切

前汉文帝，名恒，高祖第三子，初封代王。生母薄太后，帝奉养无怠。母常尝病，三年，帝目不交睫，衣不解带，汤药非口亲尝弗进。仁孝闻天下。

——出自《二十四孝》

汉文帝刘恒是历史上有名的大孝子。他对自己的母亲非常孝顺，从来也不怠慢。有一次，他的母亲患了重病，这可急坏了刘恒。他的母亲一病就是

三年，整天都卧床不起。为了侍奉好母亲，刘恒每天都亲自为母亲煎药汤，并且经常守护在母亲的床前。每次看到母亲睡了，他才趴在母亲床边睡一会儿。刘恒天天为母亲煎药，每次煎完，自己总先尝一尝，看看汤药苦不苦，烫不烫，自己觉得差不多了，才给母亲喝。

刘恒在位 24 年，重德治，兴礼仪，注意发展农业，使西汉社会稳定，人丁兴旺，经济得到恢复和发展，他与汉景帝的统治时期被誉为" 文景之治"。刘恒孝顺母亲的事，在历史上也广为流传，人们都称赞他是一个仁孝之子。后来，有人写诗颂曰："仁孝闻天下，巍巍冠百王；母后三载病，汤药必先尝。"

"久病床前无孝子"，这是流传很久的一句古语。意思是说，父母亲在病床上躺得时间太长了之后，床头几乎就没有孝顺的子女在侍候了。可是，汉文帝身为九五之尊，坐拥天下贵，却亲自去侍奉母亲，并且三年如一日，真是太难得了。

在实际生活中，父母疼爱子女的心可谓是炽热浓厚，可是子女疼爱父母的心却未必像父母亲那般。很多父母亲为了子女的幸福，再大的苦都能吃，再困难的折磨都愿意去承受。可是反观子女们呢？很少有人在父母亲年迈的时候能够做到尽心尽意地侍奉，更别提像父母照顾年幼的自己那样去照顾年迈的父母。

父母亲辛劳一辈子，晚年却得不到子女的关心和爱护，这是多么惨痛的一件事情啊！为了不让这样的悲剧再发生，为了我们在步入晚年之时也能够得到关心和爱护，就努力让孝顺的美德一代一代传下去吧。所以，我们要做一个真正讲求孝道的人，就应该愿意为年迈的父母付出一切，这不但是为了父母亲能安享晚年，也是为了我们以后能安享晚年。

【国学智慧】

在现实生活中，我们必须要懂得对父母感恩，孝敬父母。因为，孝敬父母，不单单是一种美好的感情，更重要的是对责任的承担、对道义的承担——只要我们拥有一颗“孝顺的心”，就会以坦荡的心境、开阔的胸怀来应对自己的生活，最终体会到亲情的温暖与快乐。

永言孝思：孝道永远是天下的法则

咸丘蒙曰：“舜之不臣尧，则吾既得闻命矣。《诗》云：‘普天之下，莫非王土；率土之滨，莫非王臣。’而舜既为天子矣，敢问瞽瞍之非臣如何？”

曰：“是诗也，非是之谓也，劳於王事而不得养父母也。曰：‘此莫非王事，我独贤劳也。’故说诗者，不以文害辞，不以辞害志；以意逆志，是为得之。如以辞而已矣，《云汉》之诗曰：‘周馀黎民，靡有孑遗。’信斯言也，是周无遗民也。孝子之至，莫大乎尊亲；尊亲之至，莫大乎以天下养。为天子父，尊之至也；以天下养，养之至也。《诗》曰：‘永言孝思，孝思维则。’此之谓也。《书》曰：‘祗载见瞽瞍，夔夔齐栗，瞽瞍亦允若。’是为父不得而子也。”

——语出自《孟子·万章上》

咸丘蒙说：“舜不把尧看做是臣子，您的教诲我已经领会过了。《诗经》里面说，‘普天之下的土地都是属于王的，普天之下的所有人都是王的臣民。’舜做了天子之后，瞽瞍却依旧不是他的臣民，请问这又是什么道理呢？”

孟子回答说：“《北山》这首诗根本就不是你所理解的那个意思，这首诗的作者因为尽忠国事而无法侍奉父母双亲。因此他说；‘这些事情都是天子的事情啊，不知为何我一个人要做这么多呢?’所以我们解说诗的人，不要总是拘泥于字面意思而曲解了其本质含义，更不要拘泥于诗句而曲解了诗人的自身想法。我们要通过自己阅读作品去感受和推测诗人的本意，这样才能真正读懂诗。倘若我们总是拘泥于词句，那么《云汉》这首诗说；‘周朝剩下的百姓，没有一个留存于世。’相信了这句话，那我们就会认为周朝灭亡以后没有一个人活着了。孝子孝到极点，没有超过尊敬双亲的；尊敬双亲的极点，没有超过用天下奉养父母的。瞽瞍做了天子的父亲，可以说全天下没有人比他更尊贵了；舜以天下奉养他，可以说也到了一个极点。《诗经》说：‘孝道必须永远地讲，因为它是天下的法则。’也就是这个意思。《尚书》说：‘舜恭恭敬敬地去朝见瞽瞍，态度惶恐谨慎，瞽瞍也因此而真正地顺理而行了。’这难道是说‘父亲不能把他看做是儿子’吗?”

不论儿子的权位有多高，父亲永远是他的父亲，这是谁也无法改变的事实，哪怕这个人是舜。可是在现实生活中，很多的年轻人在取得一些人生成就之后就飘飘然不知所以，就连自己的父母双亲，他也一样的不放在眼里，甚至打骂父母、侮辱父母。可以说，这样的人不但不孝，简直连禽兽都不如。因为乌鸦还知道反哺，羊羔还知道跪乳。

所以，我们就应该向舜学习，不管自己的权位多高，也不管自己的财富多多，都应该恪守孝道，尊重父母，敬爱父母。如此，我们才能算一个真正成功的人。

【国学智慧】

“孝”是稍纵即逝的眷恋，“孝”是无法重现的幸福。更为重要的是：孝道永远是天下的法则，是我们每一个人都必须遵守的法则——孝道是生命与生命交接处的链条，一旦断裂，就永远都无法再连接上了。

国学在台湾

GUOXUE ZAI TAIWAN

第五课

中国人的仁爱智慧

——以爱己之心爱人，以度己之心度人

只爱自己的人只能是山坳的一块石头，永远不会引起别人的关注，更不会得到别人关爱，因为他们的胸怀太过狭隘；爱自己也爱别人的人，就是花圃中开得最鲜艳的那朵花，既给了别人美的感受，也让别人懂得关爱他们。所以，我们就必须懂得仁者爱人的道理，学会“以爱己之心爱人，以度己之心度人”，如此才能够在这个纷繁险恶的世界上赢得一片栖息之地。

雪中送炭：锦上添花远不如雪中送炭

无因同拨地炉灰，想见柴荆晚未开。

不是雪中须送炭，聊装风景要诗来。

——宋·范成大《大雪送炭与芥隐》

雪中送炭的典故来源于宋太宗：宋太宗继位之后，生活十分节俭，但对百姓却毫不吝啬。有一年冬天，天降大雪，宋太宗披着狐皮还觉得冷，他回到宫中，命人端来火盆、美酒。他独自喝酒，抬头见宫外大雪飘飘，他想到这么冷的天，那些缺粮少炭的人家肯定会更加难过。想到这里，他马上命人带上木炭和粮食去送给那些挨饿受冻的人家。

很多人都习惯做一个锦上添花的人，因为这样更容易在大家面前展现自己的仁爱之心，且不会给自己带来不必要的麻烦。所以，在我们的生活中经常能够看到那些锦上添花的人，很少能够看到那些雪中送炭的人。

每个人都有可能在人生的某个阶段遭遇困难，当别人处于困难的时候及时施以援手，让他早点走出困境的阴霾看到晴朗的天空，就相当于给落水的人一根救命稻草。所以说，雪中送炭，是一种十分高尚的道德品质，因为这样的做法能够真正体现出你的善良与仁爱。

人与人之间相互联系的纽带一定是爱，而不是恨，更不是无关痛痒的吹捧与献媚。因此，我们要时时刻刻都做一个雪中送炭的人，而不是一个锦上添花的人——在别人不饿的时候请别人吃一顿大餐，别人未必

会记住你；在别人又冷又饿的时候给别人一碗热气腾腾的面条，别人会永远记得你。

仁爱，就是要在别人最需要帮助的时候及时给予帮助。

【国学智慧】

很多人口口声声说自己有一颗仁爱之心，实际上却在大多数时候只是一个假仁假义的旁观者，在别人最需要帮助的时候却一点儿怜悯之心都没有，只会隔岸观火，不会雪中送炭。国学大师梁启超就曾在《呵旁观者文》中写道："天下最可厌、可憎、可鄙之人，莫过于旁观者，如立于东岸，观西岸之火灾，而望其红光以为乐；如立于此船，观彼船之沉溺，而睹其凫浴以为欢。若是者，谓之阴险也不可，谓之狠毒也不可，此种人无以名之，名曰无血性。"所以，我们要做一个懂得仁爱的人，那么就必须在别人最需要帮助的时候伸出援助之手，不能只等着别人雪中送炭，而自己却在一旁看热闹。

朱冲送牛：仁爱是一种境界

晋朱冲，好学而贫。以耕为事。邻人失犊。认冲犊以归。后得犊于林下。大惭。以犊还冲。竟不受。有牛犯其禾稼。冲屡持刍送牛。而无恨色。主愧之。不复为暴。诏补博士。称疾不应。逃入深山。居近夷俗。羌戎奉之若君。

许止净谓古之高人。多有因人疑己而偿物。及其既悟。返物不受者。如姜肱桑虞皆然。夫因人疑而偿其物。盖与世无争矣。故一匹夫伏处深山。化及羌戎。下至毒虫猛兽。非盛德至善而能若此乎。

——引自《二十四耻》

晋人朱冲是一个很喜欢读书的人，但是家庭贫寒，只能以耕种为生。有一天，邻居家的牛犊丢了，便找到了朱冲家，将朱冲家的一头牛犊牵走了。因为，邻居觉得朱冲家的那头牛犊就是他们丢失的那头。朱冲看到邻居把自己家里的牛犊牵走了，也没有生气，只是任由邻居牵牛而去。

没过多久，邻居在一片树林里找到了自己家丢失的那头牛犊，心里非常的惭愧，便将从朱冲家牵走的那头牛犊送了回来，并对朱冲说："实在非常抱歉，之前我看错了，错把你家的牛犊看成了我们家的牛犊。现在，我把你家的牛犊送回来了。"

令邻居没有想到的是，朱冲竟然拒绝接受这头牛犊。朱冲对邻居说："这没有什么，牛犊都长得很像，换作我也可能会犯这样的错误。牛犊你还是牵走吧。"后来，这位邻居因为朱冲的赠牛之恩，一直对他心存感激，经常上门问候朱冲，在朱冲家有需要帮忙的时候也会第一时间赶来帮忙。

朱冲的做法在很多人看来非常的"傻"，自己遭受了冤屈不说，还将邻居送还的牛犊不要了，真的是太傻了。可是，当我们静下心来仔细去想想的时候，就会发现朱冲的这种做法并不傻。很多人在受到冤屈或利益受损之际，第一时间肯定会进行针锋相对的反击，维护自己的名誉和利益。可是，朱冲的这种做法却体现出了自己的"仁"，用自己的"仁"维护了邻里关系，让自己有了一个好邻居。

所以说，我们也应该向朱冲学习，不要因为别人的一点过错就睚眦必报，而是应该懂得宽大为怀，用善良的心去帮助别人改错。我们常说，做人要心存善念，做人要懂得包容，就是应该像朱冲这样去做——只有把仁爱付诸行动，而不是挂在嘴上；在遭遇到让你不顺心的事，以及让你不顺心的人之时，更应该用仁爱去化解一切矛盾；仁爱是一种境界，不但能够令你变得更高尚，还能够让你因为懂得爱护他人而时时尝到幸福的滋味。

【国学智慧】

人之初，性本善，仁爱之心是每一个人与生俱来的。不过，每一个人要想一直保持仁爱之心却是一件极为困难的事情。所以，我们就应该时时刻刻去修筑自己的仁爱之心，让本性回归善良。当你将人世间的所有怨恨都抛诸脑后时，你就会惊奇地发现，原来仁爱一直常驻于你的心间。

一饭千金：一点仁爱也价值连城

淮阴侯韩信者，淮阴人也。始为布衣时，贫，无行。不得推择为吏，又不能治生商贾，常从人寄食饮，人多厌之者。常数从其下乡南昌亭长寄食，数月，亭长妻患之，乃晨炊蓐食。食时信往，不为具食。信亦知其意，怒，竟绝去。

信钓于城下，诸母漂，有一母见信饥，饭信，竟漂数十日。信喜，谓漂母曰："吾必有以重报母。"母怒曰："大丈夫不能自食，吾哀王孙（对人的尊称）而进食，岂忘报乎！"汉五年正月，信为楚王，召所从食漂母，赐千金。及下乡南昌亭长，赐百钱，曰："公，小人也，为德不卒。"

——《史记·淮阴侯列传》

淮阴人韩信少年时丧父，家中一贫如洗，而他是一个既不会种田做买卖也不能当官吏的游手好闲之徒。为了吃饱饭，他不得不经常找借口去别人家里蹭饭。后来，他的母亲去世了。母亲去世后，没人管教的韩信更是游手好闲。

有个亭长与韩信有交际，他便经常去这个亭长家里蹭饭。久而久之，亭长妻子就很不高兴了。有一次，亭长的妻子一大清早就烧好饭，一家人匆匆忙忙吃完后等着韩信上门蹭饭。韩信上门之后，左等右等就是不见亭长的妻子下厨做饭，知道人家已经不待见自己了。于是，愤然离去，发誓以后再也不去亭长家吃饭了。

没地方蹭饭了，韩信只能每天到淮阴城下的河里钓鱼换钱买饭吃。韩信在河边钓鱼的时候，有几个老婆婆经常在那里洗衣服。日子长了之后，其中的一位老婆婆发现韩信是个很落魄的年轻人，便将家人送来的午饭分一半给韩信吃。自从这次以后，那位老婆婆每次遇到韩信都会把自己的饭分一些给韩信吃。

一日，韩信吃完分来的饭之后，便向洗衣婆深深地鞠了一躬，然后一脸严肃地说："谢谢老婆婆这些天的厚待，我毕生难忘。将来我混得出人头地了，一定会报答您的。"老婆婆听后，用责怪的口吻说："男子汉大丈夫说这样的话做什么！你相貌堂堂，一看就是一个王孙公子，我实在不忍心看你挨饿，才分给你吃一点饭，哪里是想到要你报答我呢！"说完，老婆婆便拿了洗好的衣服离开了。

望着老婆婆的背影，韩信暗暗发誓，有朝一日出人头地了，一定要兑现今日的承诺，重重报答这位好心的老婆婆。后来，韩信当上了楚王，他想起未发迹之前曾受过那位老婆婆的恩惠，便马上派人把她从淮阴请来，并当面向她致谢，然后赠了黄金一千两给她。不久，他又派人把那个亭长找来，不过却只赏给他一百小钱，并对他说"你是个小人，因为你没有将好事做到底。"

一饭之恩，能够换来淮阴侯韩信的感恩。对于那位老婆婆来说，她的那点饭可真是分得值了，因为当时很多人想韩信而不得见，更何况她这位老妪呢？可是，偏偏她就因为她的那份饭而见到了韩信，并且得到了他的感谢与奖赏。从表面上看，韩信感谢与奖赏的是老婆婆的赠饭之恩，背后看他奖赏的是老婆婆的仁爱之心。

【国学智慧】

一点仁爱也价值连城。如果没有洗衣婆婆分的那一口饭，韩信可能就成不了后来名闻天下的淮阴侯。有时候，我们给予别人的仁爱只有一点点，但是对于别人来说却是很大的一个帮助。所以，有些时候，我们千万不要因为瞧不起那点“小仁爱”，你给予别人的那点恩惠，可能创造出你想象不到的奇迹来。

子产放生：仁爱之心是世界上最伟大的感情

昔者有馈生鱼于郑子产，子产使校人畜之池。校人烹之，反命曰：“始舍之，圉圉焉；少则洋洋焉；攸然而逝。”子产曰：“得其所哉！得其所哉！”校人出，曰：“孰谓子产智？予既烹而食之，曰：得其所哉？得其所哉。”故君子可欺以其方，难罔以非其道。

——引自《孟子·万章上》

有人给郑国的大夫子产总来了一条鱼，子产不忍心吃掉，便命令手下的一个小吏将鱼放进池塘里喂养。谁知，这个小吏竟然偷偷地将那条鱼给煮熟吃了。吃完鱼后，小吏却跑去向子产报告："那条鱼刚放进水里的时候，一副蔫蔫的样子，懒洋洋地在水里游动，可没过一会儿，它就游动了起来。很快就不见了踪影。"子产听了以后竟然相信了，高兴地说道："到了它应该去的地方了，到了它应该去的地方了。"

子产是郑穆公的孙子，是春秋时期的著名政治家和思想家。他心地仁厚，在郑国做丞相期间轻财重德、爱惜民众，常常救济弱势的人，执政期间做了很多的好事，是当时第一个将刑法公之于众的人。孔子曾称赞他："有仁爱之德古遗风，敬事长上，体恤百姓。"当时列国横争侵扰，而郑国能以保持内政稳定，民生安乐，首赖子产辅政有功。后来，他还被清朝的王源评价为"春秋第一人"。

可是，子产这样的一个善良仁厚又政绩显著的人，却被一个小吏给欺骗了。表面上看，子产似乎是一个很愚蠢的人。但从实际上看，我们却会发现，子产绝不是一个假仁假义的人。正是因为他的善良仁厚，内心深处非常希望这条鱼能够被放生，才会被那个可恨的小吏给欺骗。

我们常说要做一个善良仁厚的人，可是真正做起来的时候却很少去行动。一个善良仁厚的人，并不是依靠那些惊天动地的大事来展现自己的"仁爱"，而是通过日复一日的积善行德来体现自己的仁爱之心的。因此，我们在行善积德的过程中，一定要持之以恒，像子产那样，既能够爱护老百姓，也能够施恩泽于一条鱼。

【国学智慧】

仁爱之心是世界上最伟大的感情，因为它能够让陌生人与陌生人变得熟悉，让人与人之间的温暖不断传递，让所有的生命感受到的爱的温度。所以，我们就应该向子产学习，做一个处处施以恩泽的人，如此才会让这个世界更美好。

隋侯之珠：仁爱的心存在于举手投足之间

今且有人于此，以隋侯之珠，弹千仞之雀，世必笑之。是何也？则其所用者重，而所要者轻也。

——《庄子·让王》

隋侯用宝珠去弹射千仞高出的飞鸟，世人肯定都会嘲笑他。为什么呢？因为他用的来打飞鸟的弹珠是珠宝，是极其贵重的东西，那颗珠宝不是普通的珠宝，而是历史上著名的“隋侯之珠”，其和和氏璧一起被称为历代帝王必争的两件宝物。

说到了隋侯之珠，里面还有一个非常有意思的典故。战国时候的一个秋天，封地在西周的隋侯带着下属们出巡，一路游山玩水，非常开心。一天，隋侯一行人来到渣水这个地方的时候，面前的山坡上突然出现了一条大蛇，只见那条大蛇被困在晒得发烫的沙滩上，头部流着血，满地打滚。隋侯看见后，马上拿出药物去医治这条大蛇，并用手杖将其挑入水中，这条大蛇恢复体力之后，便悄悄地游走了。一天夜里，隋侯从睡梦中惊醒了过来。看到他救过的那条大蛇口里衔着一枚大珍珠盘踞在他的床头。大蛇看见隋侯醒来之后，便将那枚大珍珠放在床上走了。原来，这条大蛇为了报答隋侯的救命之恩，特意从江里面衔来了一颗大珍珠给他。这颗珠子，就是“隋侯之珠”。

不管隋侯用这颗珠宝打飞鸟的做法对不对，我们都应该称赞隋侯的那颗仁爱之心——救一条蛇，对于很多人来说都不会去做，因为觉得那真是太小的一件事情了，做与不做似乎都没有多大意义。其实，这样的想法是非常错误的。因为，仁爱是不分大小的，你对一个人施以仁爱和对你一只小动物施以仁爱是一样的，都是拯救了一个生命。所以，我们不能犯“善小而不为”的错误，生活中要处处保持一颗仁爱之心。

【国学智慧】

最耀眼的宝石往往埋藏在无人知晓的地方。我们在生活中向他人施以仁爱，就不要太过关注是否有人注意到。毕竟，做仁爱之事不是去万众瞩目的大舞台上进行表演，而是在举手投足之间就能完成的事情。很多时候，给予别人仁爱的帮助，就是送给别人的一份友好礼物，既能够给别人带来温暖，也会让自己心生温暖。

第六课

上下五千年的帝王权术

——坐稳皇帝宝座，必有雷霆手段

纵观中国古代的历代雄霸之君，都有一个共同的特点：他们均深谙帝王权术，擅长以雷霆手段治理臣下，最终坐稳皇帝宝座，一展心中的宏图壮志。所以，我们要想做一个好的管理者，那就必须向他们学习，学习他们如何驭人，如何与强大对手掰手腕，如何治理天下。如此，我们才能够在管理的过程中掌握各种技巧，不断提升自身管理水平，最终让自己成为一名出色的管理者。

正而不诡：齐桓公的帝王驭术

晋文公谲而不正，齐桓公正而不谲。

——孔子

晋文公和齐桓公都是历史上很有名的两位政治人物，从功绩上看来，齐桓公没有晋文公那么多的功绩，但是孔子却给了他们完全不同的评价，使得齐桓公的形象远比晋文公的高大。对于一个人来说，无论你处在什么样的位置上，都应该要遵循正而不诡，这样的人才能够获得更多人的信任。

也许有人会这样想，只要能够达到目的，就算是使用了一些不正当的手段也是可以的。但是事情总是会有因有果，也许你通过一些欺诈、蒙骗的手段暂时获得了成功，但是作为你的伙伴、同事、朋友也会渐渐地对你产生强烈的戒备心理；也可能你通过卑鄙的手段打压对手获得成功，但是从此你会声名狼藉……很多事情的结果不是简单的通过成与败来判断，还会有很多隐性的影响，这些影响一时半会不可能呈现出来，但是其影响却是深远的。

其实从齐桓公和晋文公身上就可以看出来，虽然在当时的结果可能都差不多，但是几百年之后，两人就有了不一样的名声。而作为现代人，虽然我们没有古人那么注重死后的名声，但一个言论自由的社会怎么能够容忍奸诈的人呢？群众的眼睛是雪亮的，狼不可能总披着羊皮，总有一天他会被发现，被识破。做一个正直的人无论在任何时候都可以坦坦荡荡，俯仰无愧于心。这样的人才能够经受住时间的考验，无论到什么时候，正直的人都可以屹立不倒。齐桓公没有过人的功绩，但是却能够在“春秋五霸”中获得一席之位，靠的是他高超的治国才能。虽然君主应该是一言九鼎、君无戏言，但是很多时候皇帝说的话和他做的事并不一致，他们总是会使用一些奸诈的伎俩让事情朝着他们希望的方向发展，但是齐桓公却能够做到言行一致，做事有度，进退有礼。齐桓公还没有当上大王的时候，曾经被管仲追杀，管仲用箭射在了还是公子的齐桓公身上，当时齐桓公身上的一块铜钩挡住了箭让齐桓公得以逃脱。就算是有一箭之仇，齐桓公还是听鲍叔牙的话拜管仲为相，全心全意的相信管仲，也没有记恨管仲。管仲对于这样一个不计前嫌、说到做到的主人，自然很感激，用了毕生的精力来辅佐齐桓公成就霸业。

其实一个奸诈的人就算伪装的再好也有被发现的一天，而一个正直的人就算要经受再多的诬陷也还是能够屹立不倒。不要总是抱着侥幸的心理，觉得自己做的诡诈的事情不会有人发现，只有真正身子正的人才不怕歪斜的影子。

【国学智慧】

任何的奸诈和言行不一致都会被别人看穿，口蜜腹剑和想要通过一些不正当手段获得成功的人都不可能获得长久的胜利。在整个历史长河里，能够得到别人尊敬的人永远不会是那些奸佞小人。正而不诡是一种做人的原则和境界，也许会有很多的诱惑，但是真正能够让一切变得永恒的只有正气!

昭君出塞：美女也是一种武器

明妃远嫁泣西风，玉箸双垂出汉宫。

何事将军封万户，却令红粉为和戎。

——胡曾《咏史诗·汉宫》

自古以来，诗人们的焦点一直都放在昭君出塞的哀怨上，却忽略了皇帝让王昭君和亲的手段和目的。从皇帝的角度来看，让一个美女和亲就可以化解一场干戈，带来长久的友好，这也算是一件好事。

古代皇帝利用美女来寻求友好、和平是一种非常厉害的手段。用今天的话来说就是资源整合，利用身边所有可以利用的资源来完成一件事，这是一种节约。其实这样的例子不是要鼓励大家为了达到自己的目的而利用美貌或者是身边的人，而是要大家明白，要懂得利用一些似乎不起眼的资源来促进事情的发展。很多时候，我们在做一件事的时候常常会忽略了最细小的资源，而这些资源常常会成为制胜的法宝。

虽然现在不太容易出现和亲的事情，但是我们利用自己身边的资源的时候必须要照顾到别人的心情，不能因为自己的自私而伤害别人。现在已经没有一言九鼎的皇帝，更不用做和亲的美女。如果既能够完成自己的事情，又不伤害别人，那当然是最好的，但是如果在这个过程中有可能伤害到任何人，都应该说清楚，否则你这就不是资源整合而是欺骗。

唐朝的另外一位公主，静乐公主也是一位被送去和亲的公主，公元745

年，静乐公主被送到契丹与契丹王李怀秀和亲。原本和亲就要离乡背井，孤苦无依，谁知道静乐公主嫁到契丹还不到一年，安禄山为了获取战功就发动了对契丹的战争。远在契丹的静乐公主成了两国交战的牺牲品，契丹人为了泄愤，于是就把静乐公主杀了。本来静乐公主到达契丹已经达到了和平的目的，但是最后却因为安禄山的一己私欲而被契丹人杀死，不能不说，这是统治者造成的悲剧。

虽然说要懂得利用自己身边的资源，但是如果像安禄山一样只顾自己的利益而伤害到别人，这样的人就算懂得利用身边的资源，也不会获得成功。

在古代虽然女人总是被当作武器来使用不值得提倡，但是古代皇帝的这种思考方式却值得我们学习。用一些比较小，但是却有用的资源来获得自己希望的结果，这是值得提倡的，但一定不能只顾自己而不顾他人的死活。

【国学智慧】

任何一种东西都是有价值的，就看你是不是懂得利用。在古代，和亲是获取和平的一种方式，这种方式不用通过大规模的战争，也不用影响百姓们的生活，可以说是一种比较简单有效的方式。这种方式虽然有好处，但是却伤害了和亲的女人们，所以我们不应该提倡。但是这种用小资源来获取一定结果的思考方式却是值得每一个人学习的，但是一定记住，千万不能自私的以这种思维方式为借口来伤害别人。

卧薪尝胆：刻苦自励，立志雪耻图强

有志者事竟成，破釜沉舟，百二秦关终属楚；苦心人天不负，卧薪尝胆，三千越甲可吞吴。

——清·蒲松龄所写对联

卧薪尝胆，是一种精神，更是气魄。倘若我们在追逐梦想的道路上没有卧薪尝胆的精神，那么我们永远都是一群“望梦兴叹”的追梦人——我们只能远远地看着梦想，却总是无法实现。

同样，在中国古代的帝王权术中，卧薪尝胆也是一种权谋之术。公元前496年，越王勾践与吴王阖闾大战一场，最终吴王阖闾战败身亡。吴王阖闾死后，儿子夫差即位。夫差即位后一直无法忘记父亲临死之前的遗言：“不要忘记为父王和国家报仇！”经过三年努力之后，励精图治的夫差终于把吴国治理得强大了起来。公元前494年，吴王夫差率领大军一举大败越国军队，将越王勾践给俘虏了。越王勾践被俘虏后，为吴王夫差当了三年的仆人才被放回国。回国之后，越王勾践一心想着报仇雪恨，为了不忘记耻辱，他每天都睡在铺着干柴的床上，并且在床边悬挂了一个苦胆，晚上睡觉时都会尝一下。在卧薪尝胆的同时，越王勾践还放下国王的架子，热情地接待四方来宾，勤政爱民力图复兴。十年之后，越王勾践就实现了自己的目的，招募了大量人才的越国随着经济水平的迅速发展，变得兵强马壮，最终一举大败吴国，在为自己报仇之后也成为春秋时期的最后一位霸主。

试想一下，如果越王勾践没有卧薪尝胆的精神，还能够一雪前耻吗？答案肯定是否定的，如果他没有卧薪尝胆的精神，很可能就会慢慢地淡化仇恨，逐渐放松对自己要求，更不会勤政操劳，让越国成为春秋时期最后一个拥有霸主地位的国家。

【国学智慧】

对于每一个人来说，失去了刻苦自励的精神，就会逐渐在奋斗的过程中迷失了方向，失去了坚持不懈的奋斗动力。所以，我们在奋斗过程中一定要不断地激励自己，不断地警醒自己，要时时刻刻都坚持下去，千万不能出现干什么事儿只有“三分钟热潮”的情况。

雅量治天下：凡事留余地，雅量能容人

若乃不忘经国之大美，流千载之英声，铭功景钟，书名竹帛，斯自雅量，素所畜也。

——杨修 《答临淄侯笺》

人们常常说：“宰相肚里能撑船！”其实不只是宰相的肚子能撑船，任何一个胸襟广阔的人都有这样的肚量来撑起大船。每一个人都希望自己的生活可以一帆风顺，但是现实总是不尽如人意，大家都会遇到很多问题，只有把这些问题都解决了，才能够让自己越来越强大。而一个人强大的标志就是他是不是能够有广阔的胸怀，能够留下一点后路，可以包容别人，如果真的

能够做到这些，那么这样的人才算是真正的成功。

其实很多人会一直抱怨生活中的人们总是对自己如何不好，自己是怎么吃亏的，如果你能够把这些东西都当做是一杯水，当你喝下去，你就不会再为了这些事情烦恼。无论什么事情都不要做得太绝，你对别人大度一点，可能别人会用一种完全意想不到的形式回报给你，这个就是人生的惊喜。

秦穆公是一个很有度量的大王，有一次，他很喜欢的一匹马自己跑了，这匹马跑到岐山下的时候被一群人抓住，并且杀了以后吃掉。秦穆公派手下到处寻找，终于找到了自己的爱马，不过这个时候已经只剩下骨头和皮。秦穆公的手下看到自己大王的爱马被这些百姓吃了，非常生气，于是就要把这些人处以极刑。这个时候秦穆公制止了他们，还赏赐了很多美酒给这些百姓，怕他们吃了不熟的马肉而身体不适。

百姓们非常感谢秦穆公，在一次秦晋之战中，这些百姓们都自告奋勇的上阵杀敌。在这次战斗中，百姓们都非常英勇，最后帮助秦穆公打了胜仗，秦穆公成功俘虏了晋国国君。

秦穆公或许从来没有想过自己会依靠这些吃了自己爱马的百姓们去的取得战争的胜利，可是事实就是那些百姓们都记得秦穆公的宽宏大量，都愿意用自己的生命来报答秦穆公的雅量。

在现实生活中谁都不知道自己将会遇到什么样的事情，谁也都不知道哪一个人会雪中送炭，但是如果你在需要别人帮助之前就已经把事情做得很绝，没有为别人留下一线生机的话，当你也遇到困难的时候还有谁愿意对你伸出援助之手呢?

【国学智慧】

一个有度量的人能够在别人的困境中带来希望，这是一种人和人之间信任的表现，当然，随着这个社会的发展，这种信任越来越少，大家希望得到的是更多的利己，而不懂得宽待别人。在某些时候，你的宽厚和雅量会救活别人。而这样的雅量也会引来非常多人的支持和信任。每个人都会犯错，当你无法宽待别人的时候，就设身处地地想想，如果犯错的人换成自己，自己希望别人怎样做呢？要拥有雅量其实很简单，只要你多设身处地的想一想就行了。

忠厚为君：深以刻薄为戒，每事当存忠厚

深以刻薄为戒，每事当存忠厚。

——曾国藩

作为一个领导者或者是一个皇帝，如果总是刻薄的对待别人，那么没有人会愿意奉你为君。一个忠厚的人或许会失去很多利益，但是收获的却是很多用钱都买不到的东西。但是很多人不明白这个道理，总是纠缠于自己是否能够得到某一个小利益上，这样的人往往是刻薄的，他们希望每一个利益都能够实现在他们身上，于是就总是严格的要求别人无限付出，而自己只等坐收渔人之利。这样的人除了可以多得到一些小便宜之外，根本谈不上人心，也更别说做人的道理。

现在很多老板总是希望员工能够对工作作出百分之两百的热情和付出，而自己对于员工付出的回报却是分毫必争，甚至以刻薄为原则，做一些不合理的规定，达不到就要对员工进行惩处。这样的老板和企业，怎么能够指望员工全心全意为他们服务和工作呢？凡事斤斤计较而不懂得以宽厚的心态对待别人，这样的人永远不可能得到别人的涌泉相报。

忠厚不仅是针对老板和企业，每一个人都应该用这样的态度来对待别人，不要用严格的标准来要求别人，而轻易地放纵自己，自己都做不到的要求，怎么能要求别人也做到呢？一个忠厚的人要做到对人忠诚、厚道，就算是别人做了什么错事，只要对方是诚心改过，都应该给予改正的机会。总是把别人的道路堵死的人，自己也不会有路可以走。忠厚还有一个意思，就是过于憨厚而常常会被人欺负，虽然忠厚在很多现代人的眼中是有些笨，常常受人欺负的意思，但也不能因为这样而放弃做一个忠厚的人。任何人的忠厚都应该付出在值得付出的人身上，他们或许会因为自己的忠厚而吃亏，但是内心却是安宁而自在的。害人之心不可有，防人之心不可无，做人应该忠厚，但是也要学会保护自己，忠厚应该用在值得用的人身上。

【国学智慧】

刻薄是对人最可怕的形容，它包含着恶毒、无情的意思，谁都不愿意背上这样一个名声，所以在做任何事情，对待任何人的时候，要多想想自己这样做是不是过于刻薄，是不是要求的太多？有了这样的拷问，你才能够做到忠厚，对自己严格一些，对别人厚道一点，这样的人才能够得到更多人的尊敬。把忠厚当作一个标准，无论对人对事都以这个标准来衡量，这样的人才是人生的智者。

第七课

闪耀世界的兵法谋略

——知彼知己，百战不殆；兵者诡道，谋而后动

中华兵法谋略一直是闪耀世界的智慧之花，古人们依靠自己的独特智谋在战场书写了震惊世界的军事奇迹。对于现代人来说，洞悉兵法智谋，判断时局与时机，依然有着很大的启示作用：不论是在竞争激烈的商场上，还是在处处充满了勾心斗角的职场上，其策略、方法与哲理都能指导我们找到适合自己的处事谋略，最终成功战胜对手。

瞒天过海：薛仁贵哄帝渡海

备周则意怠，常见则不疑。阴在阳之内，不在阳之对。太阳，太阴。

——摘自《三十六计》

无论是什么样的人，在面对严密的防备时，意志上就会松懈，认为既然防备的如此严密，也就不会有什么问题。如果平时常常见到一件事，就不会觉得奇怪，更不会怀疑这件事有什么不对。这是人的一种惯性思维，在今天，这些被划分到心理学的范畴，可是我国的先人们早已经看穿这种思想，还根据这样的心理制定出了瞒天过海的计策，这件事情应该是这样的，但是最后却和自己料想的不一致，这就是瞒天过海的精髓。

所谓兵不厌诈，两军对阵，不是要面对面拼个你死我活才是胜利，相反的，如果能够用一些巧妙的手段来获得胜利，并且不费一兵一卒，甚至在没有任何损失的情况下获得的胜利才是值得称颂的胜利。而瞒天过海这个计策最重要的一个前提就是“瞒”，如果你瞒得好，那么后面的行动也可以畅通无阻，但是如果你瞒得不好，那么这个计策一定会失败。在古代，皇帝是至高无上的，不允许别人对他有任何的欺瞒，而“瞒天过海”正是在一个皇帝身上实现的。

唐太宗李世民是一个地地道道的内陆人，一生都没有什么机会见到大海，可是在他出征高丽的时候却不得不乘船出海，这对于一个没见过大海的人来说非常的困难，李世民甚至一见到大海就觉得头晕。可是这怎么能行呢？皇帝是真龙天子，怎么能够输给一片大海呢？更何况李世民这一次出去是要带军打仗，如果自己在船上晕的不知东西，那手下的将士得笑死自己了。李世民很着急，那些将军也很着急。其中有一个叫做张士贵的人，他手下有一个小兵，非常聪明，每次他有什么困难，小兵都能够想到办法解决。这次他把皇帝晕船的事情告诉了这个士兵，这个小士兵想了一个办法，他让张士贵告诉李世民有一个大富翁愿意出三十万大军的粮草，但是希望能够跟皇帝见一面，并且一起吃个饭。李世民觉得这样的要求也不算过分，于是就答应了。

可是没想到的是，李世民一路走来都是用布遮着，看不到路，也看不到天，虽然他很奇怪，但是想想可能是为了保护皇帝不受到打扰的原因吧。到了这位富翁的家里以后，他们一起吃饭、喝酒，李世民觉得好像大地在动，外面有风有水，他很奇怪，于是就让手下到外面看看是怎么回事。手下看了以后回来回报，说他们已经出海了，在大海上呢。原来是那个小兵想的计策，他觉得李世民并不是真的晕船，而是心理上害怕，于是就把周围都围起来，不让他看到海，然后上船以后就陪他喝酒吃饭，分散注意力，最后李世民不知不觉地就出海了。这个小兵就是后来鼎鼎大名的薛仁贵。虽然薛仁贵欺骗了皇帝，但是李世民并没有责怪他，反而很欣赏这个聪明的小伙子。

薛仁贵的这一招瞒天过海让李世民克服自己的困难，成功的出海。整个计策最关键的就在于瞒，他们一起瞒住李世民，最后让李世民知道只要自己不害怕，那么一切都可以顺利完成。

【国学智慧】

瞒天过海的精髓在于“瞒”，只要瞒得巧妙，就可以让后面的事情一步一步顺利完成。很多人觉得欺骗和隐瞒其实不是一件好事，但是在面对对手和战斗的时候，只要你不用一些奸诈的伎俩，就不算是阴险的小人。在面对比赛和战斗的时候，要有一些光明正大的办法和计策，也不是要使损招，这才是瞒天过海的真正精神。

围魏救赵：逆向思维，独辟蹊径

共敌不如分敌，敌阳不如敌阴。

——摘自《三十六计》

很多时候人们常常会被自己的定式思维给困住，总是认为这件事如果不这样做就没有别的办法了，殊不知一件事有很多种办法可以解决，只要你懂得换一个方式来思考。

面对一个强大的对手，如果总是抱着硬碰硬的想法来战斗的话，结果只有一败涂地，除非你比对手强大。但是如果能够把强大的对手分解开，再强大的人一旦被分散开了，力量自然减弱，那么能够战胜的可能性也就越大。而且每一个组织、每一个人都有特长和强项，自然也会有弱点，所以在对付敌人和对手的时候，还要注意集中自己的力量去对付敌人的弱点，这样才能给敌人沉重的打击，才能获得胜利。

其实很多东西说起来很简单，但是要运用在现实生活中就会显得很困难，围魏救赵的重点在于找到对手的弱点。但是这个弱点不是你想找就能够找得到的，对手既然知道自己的弱点会给自己带来致命危险，自然也会加倍的隐藏这个弱点，而古代的军事家孙膑就能够清楚、准确地抓住敌人的弱点。

公元前354年，魏国攻打赵国，赵国无力回击，甚至自己的都城都被魏国给包围起来，虽然赵国处于劣势，但是为了保住自己的都城，士兵们还是拼死战斗，所以两个国家的战斗打了好几年，战事拖长的后果就是让弱者更加弱，强者也越来越疲惫。赵国为了能够尽快摆脱这种困局，于是就向齐国求救。齐国派出了大将军田忌和军师孙膑带领士兵出征，可是要怎么救赵国呢？就目前的情况来看，好像只有带着大军到赵国都城邯郸跟赵国来个里应外合，但是能不能成功，伤亡有多大就不得而知了。

这个时候军师孙膑跟田忌说："两国交战长达几年，魏国派出了很多精英部队去攻打赵国，所以魏国的守卫一定不够强大，如果这个时候我们去攻打魏国的国都大梁，那么围攻邯郸的那些军队一定会赶着回去救自己的国都，这样我们可以减少伤亡，又达到了救赵国的目的。"田忌听了以后觉得很有道理，于是就按照孙膑说的去做，结果真的取得了胜利，最后解救了邯郸。

孙膑很厉害，他知道魏国大军的弱点就是魏国的兵力重点分布不均，于是抓住了魏国的软肋下手，自然能够付出很小的代价取得胜利。

【国学智慧】

无论是什么人，在什么样的情况下，都应该记住，不要盲目地去做一些硬碰硬的事情，这样不仅不能打击对方，甚至还会伤害到自己。一个聪明的人是懂得用脑子，而不是只凭着自己的一股蛮力去做事。

借刀杀人：假借别人的手去除掉对手

敌已明，友未定，引友杀敌，不自出力，以《损》推演。

——摘自《三十六计》

在职场中，虽然没有做到借刀杀人那么严重，但是也能够借用别人的手和力量来达成自己的目的。在这个过程中，自己不用成为“杀人者”而能够完成这个“杀人”的过程，最后既收获了利益，又不会成为“杀人犯”。不得不说，这是一个非常高超的计策。

很多人在职场中总是头脑发热，别人随便鼓励自己一下，就第一个冲上前去，殊不知自己变成了炮灰，最后得益的是什么都不做的人。人们常说出头的椽子先烂，枪打出头鸟，这些道理一方面说的是一个人不动脑子就随随便的冲到最前面，另一方面则是说在背后推动那些冲出来的人，他们像是木偶操纵师一样，说几句话或者做一点事情就可以让别人乖乖按照自己的想法去做事，这样的人不得不说是高手。

有的时候，利益会远远高于情感，所以不要认为自己是被大家推举出来主持公道的，很可能是把你推出来接受惩罚的，多动动脑子，也不要过于冲动，不要让自己变成被杀的那个人。我们要学着成为那个可以借助别人的手去做事的人，这样才是真正的聪明人。

要成功的使用“借刀杀人”这个招数，重点是要明白其中的矛盾。矛盾是推动事情发展的一个巨大的因素，所以无论在什么时候，抓住主要矛盾才是重点。

春秋末期，齐简公讨伐鲁国，但是鲁国的实力不如齐国，这个时候孔子的弟子子贡就站出来说，可以借吴国的力量来打败齐国大军。子贡知道齐国的相国田常有谋反的心，于是就跟田常分析说：“现在主要的问题是国内的反对势力，如果马上攻打鲁国，会让国内反对自己的势力得到强大，还不如转而攻打强国，这样就削弱了反对势力。”但是田常担心已经做好攻打鲁国的准备，突然要攻打吴国，会不会师出无名？子贡又赶到吴国，他跟吴王夫差说：“大王如果看着齐国攻下鲁国，那么齐国的势力必定大增，那个时候齐国首先要攻打的一定是吴国，与其等齐国强大了再去攻打，不如先下手为强，先攻打齐国。”夫差觉得子贡说的非常有道理，于是就答应了。最后子贡又游说了赵国，派兵支持吴国去讨伐齐国，然后又到晋国，说服了晋国的准备战斗，好防止吴国侵犯。

最后吴王夫差御驾亲征，带着十多万精兵攻打齐国，鲁国也派兵相助，最后齐国大败。刚刚取得胜利的夫差骄傲自满，想要再一举攻下晋国，谁知道晋国早有准备，夫差吃了大亏。最后鲁国避免了危机，成为了那场混战中唯一能够保存实力的国家。

在电视剧中，很多黑帮老大都不会亲自去做一些杀人放火的事情，因为他们知道能够让别人来做这件事是对自己有利的。虽然我们不能够像那些黑帮老大一样，但是我们也要学会借别人的力量来达到自己的目的，这样做的结果一定可以事半功倍。

【国学智慧】

所谓借刀杀人，要的就是挑起举刀人和被杀人之间的矛盾，这种矛盾可以制造出来，也可以渲染的更大，这样才能够让“借刀杀人”达到最佳效果。任何人都有自己强大的一面，能够借用别人强大的一面来为自己办事，自然比不擅长的自己亲自动手更有效果。

暗度陈仓：正面迷惑，侧面突袭

明修栈道，暗度陈仓。

——摘自《史记·淮阴侯列传》

大家都知道在“暗度陈仓”的前面还有一句话是“明修栈道”，也就是说，暗度陈仓的时候需要修栈道来作为掩饰。人们常常说，看事情要看本质，但是人们却常常相信自己看到的现象，而彻底的忘记了本质。暗度陈仓巧妙的地方就在于利用了人们的这种心理，他们相信自己看到的东西，而不管这些表象下面是不是还隐藏了什么。于是大家大肆宣传自己的表象，而故意把本质藏得更深一些，于是人人都相信了“栈道”而忽略了“陈仓”。

虽然说要制造烟雾，但是毕竟这个世界上聪明的人不止你一个，能够透过现象看到本质的人也不少，要迷惑住这些人，就要真正地做到以假乱真。虽然“栈道”是烟雾，但是也必须做得有模有样，无论是谁看到都知道这个过程是真实的，结果也会是真实的，这才是获得成功的秘诀。在这一点上，汉高祖刘邦就做得天衣无缝，把大英雄项羽骗的团团转。

反秦刚开始的时候，刘邦的实力其实远不如项羽，但是刘邦却能够先一步进入关中，而那个时候曾经有一个约定，无论是谁，只要先进如入中的人就是王。可是面对实力远不如自己的刘邦，项羽不愿意把自己的天下让给刘邦，于是设下鸿门宴，不过最后却还是被刘邦逃走了。从此以后，刘邦知道自己过于激进，已经引起了项羽和他的部下的不满，于是就退回汉中，希望以此表明自己并没有和项羽抢夺天下的野心，不仅如此，他还把通往关中的栈道都烧毁了，更是表明自己不再进入关中的决心。

但是这并不是刘邦的真实意图，他一直都希望可以再回到关中，甚至成为天下的主人。只是迫于形势，他不得不休养生息。公元前 206 年，刘邦的实力逐渐强大起来，于是就动起了称霸天下的念头。

他派韩信修建被烧毁的栈道，让所有人都以为自己要走这条老路回去，而项羽的军队把注意力都放在了这一条路上，谁知道最后韩信的大军则在另外一边的陈仓发动突袭，迅速的打败了章邯，平定三秦。不能不说，刘邦最后可以成为君主，这一次战斗功不可没。

只要能够把这个烟雾撒得好，就很容易让对方陷入自己的陷阱之中，这是一种又警惕又麻痹的战术，让对手在警惕中有所麻痹，而抓住这个麻痹的

瞬间就可以大获全胜。

【国学智慧】

所有的计策都是以胜利为目标的，为了胜利，需要把很多假的东西做得很真，然后忍辱负重，把自己的忍耐放在可以带来价值的地方。暗度陈仓，考验的不止是智慧，还有一个人的忍耐，把烟雾做好，再把所有的忍耐和耐心都培养好，到最关键的那一天爆发出来，这样的暗度陈仓才会有最惊人的效果。

声东击西：使对方产生错觉以出奇制胜

敌志乱萃，不虞，坤下兑上之象，利其不自主而取之。

——摘自《三十六计》

机动灵活的运用一切，如同制造假象，让对手不知道到底哪里是你真实的实力，给对手制造一个似真似假的环境，像是全面进攻，又像是不愿意进攻，用这样虚幻的手法，让对手不知道你的重点在哪里，这样才能够在对手迷惑不解的时候出击，打对手一个措手不及。

在很多战役中，成功的原因就是能够让对手产生疑惑，不知道对手到底在做什么。如同带着一个人进入漫天大雾的森林里，他看不清前路，也不知道你在哪里，而你能够准确定位他的位置，自然可以轻易地击败对方。

很多事情的成功就在一个“奇”字上，因为奇就表示大家没有办法预料到下一步怎么走，这样既有新鲜感，又能够攻击空白地带，确保可以真正做到出奇制胜。但是在事情的发展中，最难控制的就是“奇”！因为很多时候，这种“奇”不仅要突破自己的思维定式，更要大胆做一些别人意想不到的事情，这样的“奇”才有效果和力度。

郑成功在攻打台湾的时候，先是派出部分战舰，大张旗鼓的呈现进攻的态势，让敌人以为他要从南航道进攻。这个时候荷兰军队觉得郑成功就是要从南路进攻，于是在南路调集大量的士兵严守航道。而郑成功的部队敲锣打鼓，炮火连天的缓慢前进着。荷兰军队看着对方浩大的声势，而北部航道毫无动静，于是荷兰军队把所有注意力都放在了南部航道上。谁知道在一个晚上，郑成功居然带着主力部队从北部航道，乘着海水涨潮的时候迅速地登上鹿耳门。这个时候荷兰军队才知道自己上当了，可惜已经为时已晚，郑成功已经攻下赤嵌城，荷兰军队大败而归，而台湾又回到了祖国的地图之上。

声东击西要的是对方一面放松警惕，一面又高度戒备着，这样对方呈现的就是一种不平衡的状态，过于注重一面的后果就是一边倒。一旦出现这样的情况，对手就很容易看到力量较弱的那一面，并且集中火力打击那个不够强大的地方。所以在我们实行这个计策的时候，首先要学会制造烟雾，让很多本来不是事实的东西在对手眼中变成事实，这样才具备迷惑的效果，才能为“击西”作出充分的准备。

【国学智慧】

其实在现代这个信息爆炸的社会中，常常会出现很多烟雾，我们不知道它的真假，也不知道到底哪些是真实的。在信息众多的今天，有很多声东击西的事情，把公众的注意力转移到其他事情上，而让另外一件事得以进行。不得不说，声东击西是所有计策中被现代人运用最有力的一条计策。

隔岸观火：静止不动，待敌瓦解

阳乖序乱，阴以待逆。暴戾恣睢，其势自毙。顺以动豫，豫顺以动。

——摘自《三十六计》

以不变应万变，或许有人说这样做不够进取，但是在没有看清楚形势的时候就随风而动，这样的改变也不是一件好事。每一个人都会有自己身上的缺点和弱势，这些缺点和弱势常常会变成他的致命伤，隔岸观火就是要看着这些缺点和弱势逐渐膨胀、变大，最后变成致命的伤口。当遇到这样的情况的时候，我们最好什么都不要做，就这样看着伤口腐烂发炎，最后不治而亡，这才是隔岸观火的真谛。

很多人会有这样的想法，一旦事情朝着不好的方向发展的时候，我们应该要插上一脚，也就是平时说的雪上加霜，但是很多时候我们并没有必要这样做。无论是对待敌人或者是对手，不要急于雪上加霜，也不要贪心的趁火打劫，先看清楚事态的发展，千万不要因为一时的贪念而引火烧身。很多时候，当别人已经遭遇到困难的时候，我们只要保证自己不受影响的情况下看着就行了，在优先保护自己的前提下，坐收渔人之利才是最聪明的选择。

但是隔岸观火并不是要我们用一种无所谓的态度来期望事情朝着自己希望的方向发展，而是能够抓住对手的主要矛盾，并且加速这种矛盾的恶化，让对手自顾不暇，最后自己坐收利益，这样既能够光明正大的获得成功，又不至于引来不必要的流言蜚语。

曹操在灭掉蜀国之后不久，就被大将军司马炎篡位称帝，改国号为晋。司马炎知道吴国实力强大，如果马上出击的话，只会两败俱伤。于是司马炎一方面积极备战，一方面静静等待时机。

果然，吴国内部的矛盾不断地被激化，吴国朝廷派系众多，各自拥立储君，而孙权废除太子孙和，重立孙亮为新太子，这样更是让朝廷内部的两派矛盾不断加剧。孙权没有平衡这两派的矛盾就去世了，到孙亮继位以后，孙林派系发动政变，废除了皇帝孙亮，拥立孙林为皇帝。可是日子并没有平静太久，孙林死后，孙皓继位，可是在孙皓继位之时，朝廷内部斗争更加严重，孙皓登上皇位之后就对反对自己的那些大臣们大肆报复，手段残忍，使得民间怨声载道，出现很多官逼民反的局面。这个时候司西晋觉得隔岸观火已经差不多了，火已经把吴国烧得差不多了，于是就进攻吴国，仅仅三个月，吴国就彻底被西晋消灭。

其实很多时候果实都是从内部开始腐烂，当内部矛盾和外部矛盾同时存在的话，大家会把所有注意力都放在外部矛盾上，所以，当内部已经产生腐烂，就不要急于发动攻击，等腐烂的差不多了，再进行打击，这样既不费力，又可以轻易达成目标。

【国学智慧】

隔岸观火的精髓在于“等”，等到天时地利人和的时候才能够行动。但是不得不说，隔岸观火也需要积极主动的去做，如果只是抱着一切靠上天安排的态度，那么也不可能有什么收获。激发内部矛盾，让矛盾加快扩大，甚至矛盾变成斗争，这些都是在隔岸观火的时候需要做好的东西。

第八课

品味圣贤的境界

——人生的最高境界是耐得住寂寞与孤独

品味圣贤的境界，走进圣贤的精神世界，不但可以丰富我们的见识，还可以提升我们的修养。而圣贤们的气度、深邃、超逸、睿智等“大智慧”等像一盏盏灯塔，为每一个人现代人的生活带来了光明——不论我们是智是愚，是官是民，都能够从中得到熏陶与升华，知道自己的渺小与无知，不断学习，不断改进，最终让自己成为梦想中的自己。

嗟来之食：困境中也要活得有骨气

齐大饥，黔敖为食于路，以待饿者而食之。有饿者，蒙袂辑屦，贸贸然来。黔敖左奉食，右执饮，曰："嗟！来食！"扬其目而视之，曰："予唯不食嗟来之食，以至于斯也！"从而谢焉，终不食而死。

——选自《礼记·檀弓下》

这是中国古代一部重要的制度典籍《礼记》中讲述的一个故事：齐国发生严重饥荒，黔敖在路边摆放食物，用来施舍给经过的饥饿的人吃。有个饿汉用袖子蒙着脸，拖着鞋子，昏昏沉沉地走来。黔敖左手拿着食物，右手端着汤，吆喝道："喂！来吃吧！"饥民抬起头瞪大眼睛盯着他，说："我就是因为不愿意吃带有侮辱性施舍的食物，才饿成这个样子的！我宁愿饿死也不愿意吃这种失去尊严而换来的食物"最后，这个人因为不肯吃施舍的食物而饿死了。

不食嗟来之食，这是从中国古代时期就有的一种骨气，而这也是流淌在每一代中国人血液中的精神。所以，从古至今，每一个中国人都崇尚骨气，把骨气视作比生命更为珍贵的东西——文天祥在被俘虏之后会展现出"贫贱不能移，威武不能屈"的不屈精神，鲁迅先生在国家动荡之时会发出"横眉冷对千夫指"的呐喊。

在台湾，关于骨气的故事传播最广泛的当属傅斯年与蒋介石的故事了。20世纪中叶，蒋介石率领当局官员迎接美国贵宾，在贵宾室，傅斯年就跷着二郎腿叼着烟斗坐在蒋介石和美国贵宾的身边，令很多人惊叹不已。其实，早在 1944 年，傅斯年就在参政会上表现出了极有骨气的一面，他当场揭发蒋介石的连襟孔祥熙在发行美金公债中贪污舞弊。会后，蒋介石亲自请他吃饭，为孔说情。席间，蒋介石问："你信任我吗？"傅斯年答曰："我绝对信任。"蒋介石于是说："你既然信任我，那么就应该信任我所任用的人。"傅斯年立刻说："委员长我是信任的，至于说因为信任你也就该信任你所任用的人，那么，砍掉我的脑袋我也不能这样说。"

一个人有没有骨气，决定了他的一生是一棵大树还是一根小草。假若你没有骨气，只想着吃嗟来之食，那么就算你吃得再多也还是长不大，因为你吸收的不是阳光和雨水，别人给你食物的同时也从你的身上踩过，久而久之，你就习惯了这种安逸，习惯了被人来来回回从身上踩着走过，最终成为一根小草。相反，你如果是一个有着铮铮骨气的人，从不想着吃嗟来之食，就算你一开始遭遇很多磨难，那也会因为你深深地扎根在大地母亲的怀里，不断地吸收营养，最终成长为一颗人人都需要仰视的参天大树——在很遥远的地方，人们就能看到你，走近你，你能给人一片绿色，活着是美丽的风景，死了依然是栋梁之才，活着死了都有用。

这，就是骨气的作用和力量！

【国学智慧】

骨气，指体貌气质。后多指刚强不屈的人格及操守，也喻书法的笔力和雄健的气势。南朝刘义庆就在《世说新语·品藻》中说道："时人道 阮思旷，'骨气不及右军 ，简秀不如真长 。'"

对于一个人来说，最容易失去骨气的时候往往是在身处逆境时候，经受不住困难的人在逆境中就会成为失去骨气失去尊严的"逆境囚徒"，他们以出卖尊严的方式去走出逆境，最终得到的结果却可能是永远走不出失去尊严的生命逆境之中。而那些在逆境中始终没有丢掉骨气的人，则会成为从困境中走出来的勇敢者，他们会笑看八千里路云和月，三十功名尘与土那也是去留肝胆两昆仑的豪情，最终赢得身前身后名。

完璧归赵：做人一定要有很强的责任感

相如度秦王特以诈、详为予赵城，实不可得，乃谓秦王曰："和氏璧，天下所共传宝也。赵王恐，不敢不献。赵王送璧时，斋戒五日。今大王亦宜斋戒五日，设九宾于廷，臣乃敢上璧。"秦王度之，终不可强夺，遂许斋五日。舍相如广成传。相如度秦王虽斋，决负约不偿城，乃使其从者衣褐怀其璧，从径道亡，归璧于赵。

秦王斋五日后，乃设九宾礼于廷，引赵使者蔺相如。相如至，谓秦王曰："秦自缪公以来二十余君，未尝有坚明约束者也。臣诚恐见欺于王而负赵，故令人持璧归，间至邯郸矣。且秦强而赵弱，大王遣一介之使至赵，赵立奉璧来。今以秦之强而先割十五都予赵，赵岂敢留璧而得罪于大王乎！臣知欺大王之罪当诛，臣请就汤镬。唯大王与群臣熟计议之！"

秦王与群臣相视而嘻。左右或欲引相如去。秦王因曰："今杀相如，终不能得璧也，而绝秦赵之欢。不如因而厚遇之，使归赵。赵王岂以一璧之故欺秦邪！"卒廷见相如，毕礼而归之。

相如既归，赵王以为贤大夫，使不辱于诸侯，拜相如为上大夫。

秦亦不以城予赵，赵亦终不予秦璧。

——节选自《史记·廉颇蔺相如列传》

战国时期，赵惠王得到了一块稀世珍宝，和氏璧。秦昭襄王听说以后，便马上派人来赵国，表示愿意用十五座城池换取和氏璧。赵惠王听说之后，举棋不定，不知道秦昭襄王在拿到和氏璧之后能不能兑现自己的承诺。没办法，只好派蔺相如出使秦国。

蔺相如带着和氏璧来到秦国将和氏璧呈现给秦昭襄王之后，不想秦昭襄王却赖着不肯兑现承诺。蔺相如看穿了秦昭襄王的心思之后，便对秦昭襄王说："大王，这块璧上有一块瑕疵，我指给您看吧。"秦昭王信以为真，便把和氏璧交给了蔺相如。蔺相如拿到和氏璧之后，马上站到一根大柱子旁边，对秦昭襄王说道："看来大王并不是想用十五座城池来换取和氏璧了。如果是这样，那就不要怪小人无理了。大王要是逼迫小人交出和氏璧的话，我就连同这块璧一起撞在这根大柱子上，人亡玉碎!"

秦昭襄王害怕伤了和氏璧，便装出一副很诚心的样子，拿出地图要求交换和氏璧。蔺相如知道秦昭襄王肯定不会拿十五座城池来换取和氏璧，便和秦昭襄王斡旋一番后派人悄悄将和氏璧送回了赵国。

秦昭襄王知道和氏璧已经被送回赵国后，虽然很生气，但是也拿蔺相如没有办法，只能客客气气地送他回国了。

俗话说得好："受人之托，忠人之事。"当我们肩负着别人的重托之时，就应该像蔺相如那样有责任感——蔺相如以不畏死的决心完成了赵惠王的重托，体现的不仅仅是智慧与勇气，更多的是一种令人敬佩的责任感。

【国学智慧】

国学大师梁启超说："人生须知负责任的苦处，才能知道尽责任的乐趣。"人只有尝到了负责任的苦，才能够感受到尽职尽责所带来的快乐。所以，我们想感受尽职尽责所带来的快乐，那就必须忍受负责任时的一切折磨，并且像蔺相如一样拼尽全力去做。

大丈夫一生：穷则独善其身，达则兼济天下

孟子谓宋勾践曰："子好游乎？吾语子游：人知之，亦嚣嚣；人不知，亦嚣嚣。"

曰："何如斯可以嚣嚣矣？"

曰："尊德乐义，则可以嚣嚣矣。故士穷不失义，达不离道。穷不失义，故士得己焉；达不离道，故民不失望焉。古之人，得志，泽加于民；不得志，修身见于世。穷则独善其身，达则兼善天下。"

——选自《孟子·尽心章句上》

自古以来，有识之士都有自己的做人原则。比如说，屈原的"举世皆浊而我独清，众人皆醉而我独醒"；范仲淹的"不以物喜，不以己悲"；李白的"天生我材必有用，千金散尽还复来"……

但是，"穷则独善其身，达则兼济天下"，一直是中国古代每一个有识之士所共有的做人原则——贫穷的时候，管理好自己，不做有损于德行的事情；富有的时候，则要懂得为天下人谋福利。

很多时候，我们在贫穷的时候都会放松对自己的要求，甚至干出一些有损道德和触犯律法的事情，究其原因就是我们在贫穷的时候不能正确调整自己的心态，不懂得在越是困难的情况下越要严格要求自己的道理。相比于贫穷的时候，富裕的时候则更应该体现出自己的胸襟，要懂得去为其他人的幸福贡献一份力量，而不是越富有越狭隘，处处只为自己考虑。

换句话说，如果我们没有“穷则独善其身，达则兼济天下”的气魄与度量，就不可能成为一个真正有所作为的人，更不可能成为一个受人尊敬的人。

【国学智慧】

“穷则独善其身，达则兼济天下”是一种自我修养，更是一种有圣贤之遗风的胸襟。贫穷的时候，不管遭受多少磨难，都应该做到“出淤泥而不染”，以表明自己的品质；富裕的时候，则应该以天下为己任，表明自己的志向。如此，我们才能够做一个被世人称赞的人。

不食无主之梨：做人必须有原则

许衡字仲平，怀之河内人也，世为农。幼有异质，七岁入学，授章句，问其师曰：“读书何为？”师曰：“取科第耳。”曰：“如斯而已乎？”师大奇之，每授书，又能问其旨义。久之，师谓其父母曰：“儿悟不凡，他日必有大过者，吾非其师。”遂辞去，父母强之不能止。如是者凡更三师，稍长，嗜学如饥渴，然遭乱世，且贫无书。尝从日者家见《书》疏义，因请寓宿，手抄归。既逃难徂徕山，始得《易》王辅嗣说。时兵乱中，衡夜思昼诵，身体而力践之，言动必揆诸义而后发。尝暑中过河阳，渴甚，道有梨，众争取而啖之，衡独危坐树下自若。或问之，曰：“非其有而取之，不可也。”人曰：“世乱，此无主。”曰：“梨无主，吾心独无主乎？”

——《元史·许衡传》

许衡，字仲平，怀州河内人，祖祖辈辈都以务农为生。许衡很小的的时候就显露出与众不同的天赋。他七岁的时候就进入私塾读书。老师教他读书写字，他便问老师："我们为什么要读书呢？"老师说："为了考试能够中举。"许衡说："难道我们仅仅就为了这个吗？"老师对他的答案暗暗称奇。每次老师给他讲解书籍，他总是问老师其中的具体含义。时间长了之后，老师对他的父母说："这个孩子真是太聪明了，悟性比一般的孩子高多了，总有一天，他会超过其他人，我已经当不了他的老师了。"虽然父母尽力挽留这位老师，但还是没能够留住。

就这样，总共换了三位老师，都是老师觉得自己已经教不了许衡了。许衡渐渐地长大了，他比之前更酷爱读书了。然而，他身处那样一个混乱的时代，家庭贫穷，且没有书读，只能暗自伤叹。一次，他跟随一个算卦的人到他家去，见那人家有《书》（疏义，对经的注释），于是就请求住在他家里，用手抄好后才回家。后来，他逃到徂徕山，才得到王辅嗣说的《易经》。当时正在兵荒马乱之中，许衡日夜思考背诵，身体力行去实践，一言一行必要合乎礼仪，然后才行动。曾经在夏天经过河阳，许衡口渴极了，恰好路边有棵梨树，周围人都争着摘梨吃。这时候，只见许衡独自端正地坐在树下，好像根本没有看见那棵梨树似的。有人问他为什么不去摘梨吃，他说："不是属于我的东西却去拿，这是不对的。"别人说："世道这么乱，这些梨早没有主人了。"许衡说："就算梨没有主人，难道我的心也没有主人吗？"

做人必须要有原则，做人没有原则就不能被称之为人，因为没有原则的人通常都不懂得自律，而这样的人往往只会给社会带来害处，不会为社会带来一丝一毫的益处。所以，我们就应该向许衡学习，不食无主之梨，努力做一个有原则的人。

【国学智慧】

“原则”两个字说来很虚无，因为谁也不知道它具体是一个什么东西，既非有形之物可以观其形状，又非有声之物可以辨其音。但是，它却是真实存在的——“原则”，存在于我们的心底，折射在我们生活的方方面面，我们的做人之道，我们的处事方式，都与它有关系，是它让我们傲然屹立于世界。

两袖清风：让廉洁常驻于心间

清风两袖朝天去，免得闾阎话短长。

——明·于谦《七绝·入京》

两只袖子中除清风之外，别无所有，以比喻做官廉洁，也比喻穷得一无所有。现在多用来比喻为官清廉、严于律己、不贪赃枉法的人。

为什么古人会用两袖清风来形容廉洁呢？答案是：古人穿的衣服，没有有口袋。在古代，平民百姓的衣襟向右掩，在腰间束带，随身携带的散碎东西可揣在怀里。而官员则穿长衫，袖子特别宽大，便于放些银两、诗词文章等。古代的贪官污吏却是把受贿的钱财放进自己的衣袖里。倘若官吏廉洁，没有贪赃枉法受贿，衣袖当然是空的，只有“清风”，所以“两袖清风”就成为代表官员廉洁的借用语了。

曾任台湾地区领导人马英九说：“清廉不能当饭吃 但不清廉会失去人民信任。”为官清廉，这是对于从政者们的一项基本要求。古人云“吏不畏吾严，而畏吾廉；民不服吾能，而服吾公。公则民不敢慢，廉则吏不敢欺。公生明，廉生威”。一个从政者，只有坚持公平，清政、廉洁才能够在各种诱惑面前忍耐得住，成为老百姓心目中十分有威信的“父母官”。

事实上，做一个好官，仅仅为官清廉还不够，还应该勤政。试想一下，你作为一地官长，主政数年虽然清廉不贪，但是却没有创造出任何的政绩，那么老百姓们还会支持你吗？继续选你做他们的“父母官”吗？

所以，对于每一个从政者而言，为官一定要清廉，同时还有积极地去为民办事、为民做主，干出优异的政绩来。

【国学智慧】

山川之美，在于险峻；江河之美，在于不息；为官之美，在于勤廉。“廉”不是为了博得好官声，而是为了恪守心中的政治理想；“廉”是一种高尚的修养，证明你有着高洁的品性。所以，作为一名从政人员，我们必须要清廉。

第九课

赏读儒家的君子之风

——岂能尽如人意，但求无愧我心

所谓君子，就是受人尊敬的正直之人，他们在朋友中是最值得信赖的人，在生意上是最值得放心的伙伴，在为人处世上最为正派。所以，我们要想成为这样的人，就应该赏读儒家的君子之风，品味儒家的深邃思想，立志做一个为天地立心、为万民立命、格物致知、正心诚意、修身齐家、为万世开太平的人。

鸿雁传书：绝不能失去自己的气节

数月，昭帝即位。数年，匈奴与汉和亲。汉求武等，匈奴诡言武死。后汉使复至匈奴，常惠请其守者与俱，得夜见汉使，具自陈道。教使者谓单于，言天子射上林中，得雁，足有系帛书，言武等在某泽中。

——《汉书》

苏武，字子卿，今陕西西安人，西汉汉武帝朝任职中郎将。当时，汉朝和匈奴之间的关系时好时坏。公元前100年，匈奴的新单于即位，汉武帝为了示好，派遣苏武率领一百多人的使团出访。没想到，匈奴的新单于不但不欢迎，反而将苏武等人扣押了起来。为了使苏武投降，匈奴人对他施以高官厚禄，但是苏武都拒绝了。最后，匈奴人将苏武送到了现在的西伯利亚贝加尔湖一带去牧羊，并且对苏武说："哪一天公羊生了小羊，就放你回汉朝去。"可是，公羊又怎么能生出小羊呢？很明显，匈奴人是不打算送苏武回去了。

汉昭帝即位几年后，匈奴和汉朝达成和议。汉昭帝派人去寻找苏武等人，匈奴撒谎说苏武已经死了。后来，汉使者又到匈奴寻人，常惠请求看守他的人同他一起去，在夜晚见到了汉使，原原本本地述说了苏武这几年来在匈奴的情况。告诉汉使者要他对单于说："天子在上林苑射猎的时候，猎中一只大雁，其脚上系着一片帛书，上面说苏武等人在北海牧羊。"汉使者万分高兴，按照常惠所教的话去责问单于。单于看着身边的人十分惊讶，向汉使道歉说："苏武等人的确在北地牧羊。"

鸿雁传书，这是一个非常有名的国学典故。铮铮傲骨的苏武在匈奴牧羊二十载，不论是对方施以荣华富贵，还是对方施以逼迫，他都没有投降——人，可以没有财富，可以没有权势，但是绝不能失去自己的气节。

【国学智慧】

在大是大非的问题上决不妥协，这样的人才能够称之为有气节的人。气节是一种傲骨，更是一种做人必须坚持的原则，如果一个人失去了气节，那么他肯定不会成为君子，只能被称之为懦夫。

不为五斗米折腰：淡泊名利，活得自在

陶潜，字元亮，大司马侃之曾孙也。祖茂，武昌太守。潜少怀高尚，博学善属文，颖脱不羁，任真自得，为乡邻之所贵。尝著《五柳先生传》以自况曰："先生不知何许人，不详姓字，宅边有五柳树，因以为号焉。闲静少言，不慕荣利。好读书，不求甚解，每有会意，欣然忘食。性嗜酒，而家贫不能恒得。亲旧知其如此，或置酒招之，造饮必尽，期在必醉。既醉而退，曾不吝情。环堵萧然，不蔽风日，短褐穿结，箪瓢屡空，晏如也。常著文章自娱，颇示己志，忘怀得失，以此自终。"其自序如此，时人谓之实录。

以亲老家贫，起为州祭酒，不堪吏职，少日自解归。州召主簿，不就，躬耕自资，遂抱羸疾。复为镇军、建威参军，谓亲朋曰："聊欲弦歌，以为三径之资可乎？"执事者闻之，以为彭泽令。在县，公田悉令种秫谷，曰："令吾常醉于酒足矣。"妻子固请种粳。乃使一顷五十亩种秫，五十亩种粳。素简贵，不私事上官。郡遣督邮至县，吏白应束带见之，潜叹曰："吾不能为

五斗米折腰，拳拳事乡里小人邪！”义熙二年，解印去县，乃赋《归去来兮辞》。

——《晋书·陶潜传》

陶渊明，又名掏钱，东晋的著名诗人。他出生在一个没落的官宦之家，曾祖父是东晋的大将军陶侃。年青的时候，陶渊明博览群书，胸怀大志。可是，因为他生活在那样一个动荡的年代，生性耿直的他从不向权贵折腰，只能做一些小官。

一腔抱负迟迟无法实现的陶渊明越来越看不惯官场上的阿谀奉承、蝇营狗苟之事，逐渐淡泊了功名。义熙二年（公元前406年），已经年逾不惑的陶渊明在彭泽做县令。一天，督邮前来检查公务，陶渊明手下的人听说之后，便打算准备一些钱给督邮，因为这个督邮以凶狠贪婪而闻名，哪位被巡查的官员不给他贿赂，他便会恶意诬陷。然而，在督邮前来彭泽县的时候，陶渊明却拒绝出迎，并说：“我岂能为了那五斗米而折腰，低声下气去向这些小人贿赂献殷勤。”

说罢，陶渊明拿出官印封好，然后提笔写了一封辞职信，转身离去，自此过上了“采菊东篱下，悠然见南山”的退隐生活。

“不为五斗米折腰”，陶渊明的这种气节令人敬佩。多少人，在面对权位利禄的时候，趋之若鹜，唯恐自己不能得到手，卑躬屈膝，阿谀奉承，无所不用其极。这种人，除了展现出自己的丑陋之外，大多数是得不到好下场的，因为他们争权夺利的目的非常简单，就是为了满足个人的私欲。

所以，对于我们而言，就应该向陶渊明学习：不要为了五斗米而丧失自己的气节，在职场上、在商海中，在官场里，都应该坚持自己的内心，只做对的事，不做曲意逢迎之人。

【国学智慧】

“名利本为浮世重，古今能有几人抛”。可是，陶渊明却做到了，他用自己的实际行动为后人做出了示范：在这个物欲横流的时代里，要想坚持自我，那就必须保持一颗淡泊的心，当你不再看重名与利的时候，你就会活得自在。

季札挂剑：信誉值得用生命去坚守

延陵季子将西聘晋，带宝剑以过徐君，徐君观剑，不言而色欲之。延陵季子为有上国之使，未献也，然其心许之矣，使于晋，顾反，则徐君死于楚，于是脱剑致之嗣君。从者止之曰："此吴国之宝，非所以赠也。"延陵季子曰："吾非赠之也，先日吾来，徐君观吾剑，不言而其色欲之，吾为上国之使，未献也。虽然，吾心许之矣。今死而不进，是欺心也。爱剑伪心，廉者不为也。"遂脱剑致之嗣君。嗣君曰："先君无命，孤不敢受剑。"于是季子以剑带徐君墓即去。徐人嘉而歌之曰："延陵季子兮不忘故，脱千金之剑兮带丘墓。"

——《史记·吴太伯世家》

延陵季子奉命向西出使晋国，佩带宝剑拜访了徐国国君。徐国国君观赏季子的宝剑，嘴上没有说什么，但脸上却透露出想要宝剑的意思。延陵季子因为要出使上国，便没有将宝剑献给徐国国君。不过，他心里已经答应给将宝剑献给徐国国君了。

季子在完成了出使任务后返回，可是这时候，徐君却已经死在了楚国。于是，季子解下宝剑送给新继位的徐国国君。随从人员阻止他说："这是吴国的宝物，不是用来作赠礼的。"季子说："我是把宝剑送给他。前段时间我从这里经过的时候，徐国国君观赏了我的宝剑后，心里非常想要；我因为要出使上国，便没有将宝剑献给他。虽是这样，但在我的心里，已经答应将宝剑献给他了。如今他辞世了，我就不再把宝剑进献给他，这不是欺骗我的良心吗？因为爱惜宝剑就使自己变成一个不讲良心的人，廉洁诚信的人是不会这么做的。”

说完，季子便解下宝剑送给了刚刚继位的徐国国君。新的徐国国君说：“先君没有留下遗命，我不敢接受宝剑。”于是，季子把宝剑挂在了徐国国君坟墓边的树上就走了。徐国人赞美季子，歌唱他说：“延陵季子兮不忘故，脱千金之剑兮带丘墓。”

【国学智慧】

“季礼挂剑”是台湾人从小学就开学习的一个典故——做人，信守承诺，这在台湾地区一直是从小孩就开始教育的。“季礼挂剑”这个故事告诉我们：一个人守不守诚信，和别人无关。很多人将自己不守诚信的原因归结于他人，处处找借口，和季子比起来形成鲜明的对比。所以，我们要做一个讲诚信的人，就必须从自己做起，不要总是拿别人做借口。

慎独之道：你必须耐得住寂寞与孤独

所谓诚其意者，毋自欺也。如恶恶臭，如好好色，此之谓自谦。故君子必慎其独也。

小人闲居为不善，无所不至。见君子而后厌然，掩其不善，而著其善。人之视己，如见其肺肝然，则何益矣。此谓诚于中，形于外。故君子必慎其独也。

曾子曰，“十目所视，十手所指，其严乎。”富润屋，德润身。心广体胖。故君子必诚其意。

——节选自《礼记·大学》

要让自己的意念诚实，那就不能自己欺骗自己。要像憎恶腐臭的气味一样，要像爱好美好的容颜一样，这就是说自己不亏心。因此，君子对独居这事必须谨慎。

小人独居，干不好的事，没有什么做不出来的；看见了君子，这才躲躲藏藏地把不好的掩盖起来，把好的显示出来。其实人们看他，正像看透他里面的肺肝一样，躲藏掩盖又有什么益处呢？这就是说，里面有什么样的实在东西，外面就必然会有什么样的表现。所以君子必须在独居时很谨慎。

曾子说：“一个人若被许多双眼睛注视，被许多只手指点着，这难道不是严肃的嘛！”财富能装饰房屋；道德修养能改变气质。心胸宽广，身体自然就安适舒坦，所以有道德修养的人一定要使自己意念诚实。

“慎独”，这是儒家提出来的一个重要概念，意思是指人们在独自活动无人监督的情况下，凭着高度自觉，按照一定的道德规范行动。要让一个人在无人监管的情况下不犯一点儿错误，恪守道德，这对于任何一个人来说都是非常难做到的一件事情。因此，“慎独”也被视为儒家的最高思想境界。

一个人在无人监管的情况下不犯一点儿错误的确很难做到，但是如果我们连一点“慎独”的意识都没有的话，那将是非常可怕的——你夜晚独自行走在无人的大街上，看见四周无人便去破坏公共设施，那么将会给大家的生活带来很大的麻烦；在老师不在场的时候，你可以肆意地玩耍，而荒废学业；在警察监管不到的地方，你可以肆意地去偷窃……

想想，当这个世界失去了“慎独”精神之后，将会是多么的可怕。不但会让自己成为坏人，还会让周围的人受到损失。所以，我们每一个人从小都应该培养“慎独”精神，这既有利于自己，也有利于社会。

【国学智慧】

国学大师南怀瑾在谈到“慎独”时说道：“但在日常意识清明的时候，可以做到纯善的情况，也算已很不错了。而最要紧的，当在睡梦中，‘独头意识’发起‘独影境’的变相时，仍然犹如日常意识清明的纯净，不被梦影所扰，甚至还转化梦境而能自主，这才够得上‘诚意’‘慎独’而‘毋自欺’的现实境界了。”也许，我们无法做到像南怀瑾先生说的那样，但是我们也应该争取做到“意识清明”时的“纯善”，如此，你也算是一个拥有“慎独”精神的人。

结草衔环：做人始终要有一颗感恩的心

秋七月，秦桓公伐晋，次于辅氏。壬午，晋侯治兵于稷以略狄土，立黎侯而还。及洛，魏颗败秦师于辅氏。获杜回，秦之力人也。

初，魏武子有嬖妾，无子。武子疾，命颗曰：“必嫁是。”疾病，则曰：“必以为殉。”及卒，颗嫁之，曰：“疾病则乱，吾从其治也。”及辅氏之役，颗见老人结草以亢杜回，杜回踬而颠，故获之。夜梦之曰：“余，而所嫁妇人之父也。尔用先人之治命，余是以报。”

——《左传·宣公十五年》

“结草衔环”的故事发生在公元前594年7月，当时秦桓公正率领军队攻打晋国，双方的军队在晋地辅氏（今陕西大荔县）展开了激烈的交战。壬午日，晋景公在稷地整顿军队以夺取赤狄的土地，后来在赤狄地区黎国的君主就回来了。抵达洛阳时，魏颗在辅氏打败了秦国军队，俘获了秦将杜回，其是秦国有名的大力士。当初，魏武子有一位宠妾，没有生下过儿子。他生病的时候便给儿子魏颗吩咐道：“我去世之后一定要让她嫁出去。”在魏武子奄奄一息之际，他却又对儿子说：“一定要让她为我殉葬。”魏武子去世后，儿子魏颗并没有按照父亲最后的吩咐办，而是将那位父亲的宠妾嫁了出去，他说：“人在临死之前就会陷入混乱，我应该服从他清醒时候所说的话。”等到辅氏战役展开之后，正在作战的魏颗突然看到一位老人用茅草打成的结绊倒了秦将杜回，于是魏颗马上将杜回俘虏了。魏颗晚上做了一个梦，梦见白天帮助他俘虏秦将杜回的老人对他说：“我就是你父亲那位宠妾的父亲，感谢你把她嫁了出去，而不是去殉葬，我用这样的方式来报答你。”

结草衔环这个国学典故给我们的最大启发就是：好人必然会有好报，因为得到过你的好处的人会感恩于你。比如说，在日常生活中，别人在从我们这里得到了不小的好处之时，往往都会用结草衔环这个词来表达他们的感恩之情。

埋骨台湾的国学大师胡适就是一个非常懂得感恩的人。1907年5月，在中国公学读书的胡适因为患有严重的脚气病而回乡居住，在回家的路上与比他高两辈的族公胡节甫同行。一路上，患有脚气病的胡适都坐着轿子，而已经六十八岁的胡节甫却一直步行陪着他，每天要走六十多里路。因为这样方便和胡适说话聊天，不会让病重的胡适太过苦闷。1910年，胡适离开中国公学前往华童中学教书，由于薪水微薄，日子过得十分拮据，便经常向胡节甫借款，胡节甫则是只要胡适一张口就会借钱给他。半年后，胡适考取出了公费留学资格，远赴美国求学，而胡节甫在胡适留美求学期间不但经常资助他，还经常给胡适的母亲寄钱。对于胡节甫的帮助，胡适一直心存感恩。在胡适事业有成之后，便马上开始回报胡节甫。在胡节甫活着的时候，他经常表示问候和关心。在胡节甫身故后，他还为其原配夫人设立了养老折子，并资助其子孙读书。

生活中，我们总是会得到别人的恩惠，也总会给别人施以恩惠。所以，我们要始终怀有一颗感恩的心——拥有一颗感恩的心，我们就会懂得去尊重生命，在行走人世的旅程中会让生命始终处于阳光的照耀下，生活处处充满美好和幸福。

【国学智慧】

《三国志·吴志·骆统传》：“飨赐之日，可人人别进，问其燥湿，加以密意，诱谕使言，察其志趣，令皆感恩戴义，怀欲报之心。”这句话翻译过来就是：宴会赏赐的时候，让每个人按次序进入，询问他们的生活情况，用温和亲近的语言安慰他们，引诱暗示他们说出心里话，以此来观察他们的志向和喜好，让他们都感激所受的恩义，而怀有报答的意愿。

所以说，做人始终怀有一颗感恩的心，要懂得结草衔环的道理，否则你的人生一定会被那片叫作痛苦的乌云所笼罩。

第十课

品读国学中的美德

——心中要有一把不偏不倚的尺子

中华传统美德具有生生不息、历久弥新的品质，是永不枯竭的人类精神财富。品读国学中的美德，就是要给自己的心间竖起一把不偏不倚的尺子，让我们在做人做事的时候不逾越道德的“防火墙”，做一个处处守规矩的人。另外，品读国学中的美德，还能够让我们领略圣人先哲们留下的文明精华，不断丰富自己的文化内涵。

己所不欲勿施于人：凡事不要只想着自己

子贡问曰："有一言而可以终身行之者乎？"子曰："其恕乎！己所不欲，勿施于人。"

——《论语·卫灵公》

己所不欲勿施于人，这是孔子最早就提倡的一种做人美德，即自己不愿意做的事情千万不要强加到别人身上去。

己所不欲勿施于人，这个道理很多人都懂，可是很多人在现实生活中都做不到。他们整天将这句话挂在嘴上，但是在眼看着自己利益受损时，便马上想着将损失转嫁给别人。可以说，这种人就是满口道德仁义背后蝇营狗苟的"伪道德"——在现在这样一个物质飞速发展的社会中，很多人的道德水平却随着物质水平的增长而不断下降，"己所不欲必施于人"已经成功地取代了"己所不欲勿施于人"，相当多的人变得越来越自私，损人利己的事情他们干，甚至损人不利己的事情他们也干，为整个社会的发展带来了很大的不利影响。

己所不欲勿施于人，这不但是我们中华民族的传统美德，更是一种发展良好人际关系的"有力武器"。只要我们在人际交往的过程中，能够多替别人着想，站在别人的立场考虑问题，就会让我们成为一个深受周围人欢迎的人，最终让我们成功拥有良好的人际关系。

所以说，己所不欲勿施于人，应该是每一个人的做人原则！

【国学智慧】

只有当我们为别人着想的时候，别人才会为我们着想，因为真诚才能够换来真心。倘若，每一个人在生活中都能够做到“己所不欲勿施于人”的话，那么这个世界将会更加的安宁和快乐。

孔融让梨：懂得把最好的东西留给别人

孔融，字文举，东汉曲阜人也。孔子二十世孙，泰山都尉孔宙次子。融七岁时，×月×日，值祖父六十寿诞，宾客盈门。一盘酥梨，置于寿台之上，母令融分之。融遂按长幼次序而分，各得其所，唯己所得甚小。父奇之，问曰：他人得梨巨，唯己独小，何故？融从容对曰：树有高低，人有老幼，尊老敬长，为人之道也！父大喜。

——《世说新语笺疏》

孔融，字文举，东汉曲阜人。孔子第二十代子孙，泰山督尉孔宙的小儿子。孔融七岁时，恰逢祖父六十岁寿辰，宾客满门。一盘酥梨，放在桌子上，母亲让孔融去分。孔融随后按照长幼顺序分，各人得到属于自己的，唯有他的是最小的。父亲感到很奇怪，问：其他人得到的梨都是大的，你的却是最小的，为什么？孔融从容地回答道：树有高低，人有老幼，尊老敬长，为人的道理啊！父亲很高兴。

孔融七岁，就懂得尊老爱幼，懂得把最好的东西留给别人，他的做法一定会让现在的很多成年人感到羞愧。反观现在的我们，可能还真的连七岁的孔融都不如——我们是不是在遇见好东西的时候要懂得谦让?

谦让，是一种可贵的德行，但是很多人却把这视之为“傻”，甚至是怯懦。殊不知，谦让才是一个真正干大事的人所必须具备的道德品质。七岁就懂得让梨的孔融，后来不但成为老百姓爱戴的父母官，还成为流芳百世的历史人物。

所以说，每一个人要想发达，要想成为世所称誉的人，就必须做一个懂得谦让的人——懂得把好东西留给别人的人，都是有大胸怀、大气魄的人，这样的人必然会让世人尊敬。

【国学智慧】

从表面上看，谦让是一种牺牲和利益的损失，但是最终结果却是共赢局面。谦让表现体现的是胸怀的宽广，但更体现的是对自己的约束，以及对他人的尊重——谦让美就美在克己让人。

曾子杀猪：谎言只会让明天更灰暗

曾子之妻之市，其子随之而泣。其母曰：“女还，顾反为女杀彘。”

妻适市来，曾子欲捕彘杀之，妻止之曰：“特与婴儿戏耳。”

曾子曰：“婴儿非与戏耳。婴儿非有知也，待父母而学者也，听父母之教。今子欺之，是教子欺也。母欺子，子而不信其母，非所以成教也。”

遂烹彘也。

——选自《韩非子》

曾子的妻子上街去，他的儿子跟在后面哭着要去。曾子的妻子没有办法，对儿子说："你回去吧，我从街上回来了杀猪给你吃。"曾子的妻子刚从街上回来，曾子便准备把猪抓来杀了，他的妻子劝阻他说："我不过是哄小孩才说要杀猪的，就是一句简单的玩笑话罢了，你怎么可以当真呢？"曾子说："小孩不可以哄他玩的。小孩子并不懂事，什么知识都需要从父母那里学来，需要父母的教导。现在你如果哄骗他，这就是教导小孩去哄骗他人。母亲哄骗孩子，孩子就不会相信他的母亲，这不是教育孩子成为正人君子的办法。"后来，曾子真的把猪杀掉煮食了。

曾子杀猪，这个典故为很多人敲响了警钟：偶尔说点谎话，应该不会有太大问题。实际上，有时候你所不在意的一点儿谎话，却可能给别人带来很大的伤害，最后还让自己很不愉快。所以，我们在曾子杀猪这个典故中应该明白这样一个道理：做人，就是要讲诚信；谎言，只会让我们的明天更灰暗，而不是更美好。

从古至今，诚信一直是中华民族的传统美德，任何一个讲诚信的人都是受人尊敬的人。所以，我们应该从小就养成不撒谎的好习惯。而对于家长们来说，一旦发现自己的孩子说谎话，就应该马上去批评教育，而不是觉得小孩子只是撒了谎，并没有什么值得大惊小怪的。殊不知，等到小孩习惯撒谎的时候，后悔也来不及了，他今天可能撒小谎，明天就可能撒大谎……

【国学智慧】

一般来说，"诚"即诚实、诚恳，主要指主体真诚的内在道德品质；"信"即信用、信任，主要指主体内诚的外化。诚信是一种内外兼具的修养，体现出了一个人高洁的品性。所以，恪守诚信，是每一个人都应该具备的品质。

慎言慎行：一举一动都要谨慎

初之列士桀大夫，慎言知行。

——《墨子·非命中》

这句话的意思是，对于那些身处要职、手握重器的权力重臣，他们责任重，因此要克己奉公，谨言慎行。别说不该说的话，不想不该想的事情。要时刻遵纪守法，恪尽职守。如果因为做了不该做的事情，那么会导致行为失范。不假思索、信口胡诌的一句话，更会导致意想不到的严重后果。要知道，为官一着不慎，很可能给自己带来重大的损失，甚至招来祸端。身在政界，时刻要如履薄冰、如临深渊，因为责任重于泰山。为官如此，那么为人呢？

行于世，更应该谨慎思考、周密计划，要做到经过三思而后行，谋定而后动，这样才可以少出一些差错。凡事多做少说，不盲目地行动、不莽撞地说话，才可以避免重大错误的发生。坊间有这样的说法，如果一个人想要一生成功，只要做好两件事，一是说该说的话，二是做该做的事。

在与人交流之时，要慎言。何谓“慎言”？就是说话要谨慎，不要说超出自己能力范围的事。我们常用“言多语失”、“祸从口出”来形容一个人因为口无遮拦，招致负面的后果。而古人也有类似“一言不慎身败名裂，一语不慎全军覆没”的箴言，来说明慎言的重要意义。

以史为鉴所有这些都是告诉我们：言要适时、适性和适度，说话的时候要看周围的场合、时机和对象，务必做到把握分寸，否则宁肯不说。慎言，并非胆小怕事，而是要三思要少说。

在做事情的时候，要做到慎行。何谓“慎行”？就是行为要谨慎检点。在“行”之前要考虑好“行”的结果以及结果所带来的影响。无论何时，谨慎都是获得成功的必要条件，因此做事要自律，切忌一失足成千古恨。

【国学智慧】

拆开“慎”这个字，慎是由“心”和“真”组成的。《国语》说：“慎，德之守也。”可见，谨言慎行乃做人的本分。人生其实很简单，谨记“谨言慎行”四个字，对我们的人生乃是百利而无一害的。诸葛亮不佩一刃、不披一甲，却能戎马一生，气吞曹吴，这是为什么？大音如希、大智若愚，一个人能够做到谨小慎微，才可以化敌于无形。

知错能改：有过能改，善莫大焉

人孰无过，过而能改，善莫大焉。

——摘自《左传·宣公二年》

犯错似乎是人生进步的一次测试，如果能够从犯错的过程中有所顿悟，修正自己的言行和行事，那么这次测试就是满分，但是如果在这次测试中毫无悔意，甚至一意孤行，那么这个人就无法进步。甚至在有的时候，犯错还是一件好事，因为在犯错的时候可以留下更加深刻的印象，可以发现更多的错误。不能不说，犯错有时也是一种收获。

人之所以要学习，就是要让自己关注自己的行为，以此来判断自己的行为是否合理，如若错误，就要积极改正。但是现在很多人就算读了很多的书懂得了很多的道理，也还是做不到知错能改，不仅如此，他们甚至还坚持自己的错误。一边埋怨生活对自己不公平，一边却总是犯同样的错误。生活其实很公平，你做什么样的事就会有怎样的回报，如果你总是做错事，总是不愿意改正，那么生活也总是让你备受折磨。很多人面对自己错误的时候就像是有毒瘾一样，他们总是说："我不是不想改，只是每次都会控制不住自己。"真的控制不住吗？其实不然，不过是轻易地妥协了而已。

很多家长在教育孩子的时候会说："改了就是好孩子！"可是轮到自己的时候，就不再愿意这样做，他们甚至觉得自己就这样了，没有必要改变。但是你没办法给孩子做一个好榜样，最后还是也会和你一样。

三国时期的一名大将周处，年轻的时候无恶不作，乡里的人们都很害怕他，甚至觉得他和大蛟、白额虎一样是乡里的三害。刚开始的时候周处甚至不知道自己在乡亲们眼中是这样一个坏蛋，他也不知道自己犯了那么多的错误。直到有一天他把大蛟和白额虎杀死以后发现乡亲们不但没有感激他，甚至更加害怕，因为三害之首还没有消失。

这个时候周处才知道自己以前做了多少错事。最后他下定决心改变自己，最终成为一代忠臣，受到百姓爱戴。

一个可以和野兽同名的人都可以改正，并且得到大家的认可，那么自己身上的一些小毛病，甚至是犯过的一些小过错都可以改正。人们常常说浪子回头金不换，只要能够悔改，就是最大的财富。对于犯过错的人，应该给予他们机会，但是他们自己必须先克服自己，让自己有改正的意识，而且什么事情都要从自己身上改变，不要总是把过错推到别人身上，而忽视自己身上的问题。

【国学智慧】

错误并不可怕，最可怕的是把错误延续下去。每一个人都希望自己一辈子不要犯错，甚至恐惧自己会犯错，但是这个世界上没有人不会犯错。所以不要严苛的要求自己不犯错，只要能够在错误中改正。在这个不断犯错的过程中磨炼，自然而然地就会减少犯错的机会。这是一个不断磨炼的过程，没有捷径，只能靠错误的累积。

国学在台湾

GUOXUE ZAI TAIWAN

第十一课

国学里的那片禅意

——胸襟宽大条条都是大路，心意清净处处都是净土

对佛法有所领悟的人才能够看破世间之事，因为他们的心灵在禅意里得到了净化，人格在袅袅佛烟里得到了美化，生命的力量在禅悟中得到了强化，最终让自己在世俗的迷途与纷扰中找到了正途。当我们那颗干涸的心灵被佛语中的汩汩清流滋润之后，那些遮挡在我们头顶的思想乌云就会被吹散，逐渐让我们成为一个个会笑看风起云涌的人，在自己人生的那片净土上找到心灵的栖息地。

持之以恒：锲而不舍贵有恒，金石可镂一念中

锲而不舍贵有恒，金石可镂一念中。

——佛家偈语

明慧大师有一位徒弟因为不够坚强，每做一件事情就拖拖拉拉，困难重重，因此很容易就遭遇失败，总是一副气馁的样子，身上根本看不到锲而不舍的精神。

一个冬日的晚上，明慧大师给了这个徒弟一把刀和一块竹板，要求他拿刀在竹板上刻一道刀痕。徒弟刻完之后，明慧大师马上将刀和竹板收了起来，第二天晚上，明慧大师又把这个徒弟叫到了自己的禅房，要求他接着用刀在昨天刻过的痕迹上再刻一刀，等到徒弟刻完之后，慧明大师又将刀和木板收了起来。

令那位徒弟没有想到的是，此后的每天晚上，慧明大师都会将他叫到自己的禅房，重复同样的事情。一连持续了一个月，终于有一天晚上，小和尚一刀刻下去之后，木板一下子变成了两半。

就在那位徒弟看着手中的两块木板不知道要做什么的时候，慧明大师说道："你肯定没有想到吧，你只用了这么一点点力量，就能把一大块木板划断为两块小木板。你一生的成败，不在于你在某一段时间里花费了多少精力，而在于你能否持之以恒，锲而不舍，金石可镂。"

锲而不舍，金石可镂，这句箴言对于每一个人来说都是非常有意义的。

很多人生来并不是天才，但是他们都靠着持之以恒的精神创造出了辉煌的人生硕果。因此，对于那些在工作生活中一遇见困难就退缩的人来说，就必须不断地去反思，要经常扪心自问，问问自己是不是一个懂得坚持的人？如果不是，那就赶紧做出改变吧。

佛说：“世间万物皆有灵性，高贵贫贱，皆在自身努力，无恒心，无福报。”如果我们想要有更多的福报，那就必须拥有一颗持之以恒的心——持之以恒的你就是一块玻璃钢，即便是摔上一万次，你依然无所损伤，因为你的内心足够强大，你比那些“玻璃人”都要坚韧得多，也耐摔得多。

【国学智慧】

滴水石穿，不在于每一滴水的力量有多大，而在于每一滴水都是源源不断地向着一个方向滴下去，它们都有着同一个落点。同样，我们在奋斗的过程中就应该找准方向，围绕着一个长远的目标不断努力，就能够像穿石的滴水一样，赢得成功。

放下“我执”：发脾气的人都是丑陋的

春有百花秋有月，夏有冷风冬有雪。若无闲事挂心头，便是人间好时节。

——佛家偈语

不知道哪位有才的人说的，“发脾气的人都是丑陋的”。

仔细想想，这句话说得真是十分在理。一个人如果不能远离愤怒嗔恚、安住于平静之中，那么他又怎么能拥有一个祥和喜悦的内心世界呢？而内心世界不够祥和喜悦，那么他的面容又怎么显得好看呢？

在佛家看来，很多人之所以喜欢发脾气，就是因为“我执”的缘故，执着于人，执着于事，最终让自己内心不得安宁，常常容易发脾气——内心不得安宁，就会有“因无名而生的烦恼”。我们的各种烦恼无非是自心所生，同时又从自心而灭，容易生气的原因有很多，但根本原因只有一个，那就是“我执”太重。

佛告须菩提：“于意云何？如来昔在然灯佛所，于法有所得不？”

“不也，世尊！如来在然灯佛所，于法实无所得。”

“须菩提！于意云何？菩萨庄严佛土不？”

“不也。世尊！何以故？庄严佛土者，即非庄严，是名庄严。”

“是故，须菩提！诸菩萨摩诃萨，应如是生清净心，不应住色生心，不应住声、香、味、触、法生心，应无所住，而生其心。须菩提！譬如有人，身如须弥山王，于意云何？是身为大不？”

须菩提言：“甚大。世尊！何以故？佛说非身，是名大身。”

佛陀又问须菩提：“你现在意下如何？如来在往昔时在燃灯佛那里，是否得到了佛法呢？”

“没有，世尊！如来以往在燃灯佛那里并没有得到佛法。”

“须菩提，你现在是怎么想的？菩萨有没有让这个世界更加清净庄严？”

“没有，世尊！为什么呢？因为所谓的庄严清净佛土，实际上如同虚幻中的事情，因为没有佛土等待菩萨去庄严，只是有这么一个名称，叫做‘庄严佛土’罢了。”

佛陀说：“所以，须菩提，诸位大菩萨都应该像这样生起清净心，不应该把心念执着在事物相状上，也不应该把心念执着在声、香、味、触、法这些外境上，菩萨应该对于存在的一切都不执着，他们的心念应该是自由流淌的。须菩提，比如有人的身体像世界上最高大的山，你意下如何？他的身体是不是真的很高大?”

须菩提说:“确实很高大,世尊!为什么呢?因为那是个虚幻的身子,只是有身体高大这样的名称而已。不过是个假借的说法,称之为身体高大罢了。”

正如这个故事所讲的,一个人不能放下“我执”,归根结底就是因为其不能放下“声、香、味、触、法”这些外境。所以,我们要想不发脾气,不让自己内心焦躁面容丑陋,就应该有一颗“清净心”,不要让自己继续专注那些“外境”上,放下一切该放下的,才能够做回本真的自己。

【国学智慧】

旁人说了一句什么话,你听后很心烦,因为这话让你觉得不顺耳;身边发生了一件什么事情,你觉得郁闷,因为它给你的生活带来了困扰;爱人的某个举动,你看不惯,因为这不对你的心思。你希望世间的一切都能符合你的心意,可是,为什么世上的一切都一定要顺遂你的心愿呢?这没有道理呀!很明显,有这样的想法,也是“我执”太重的表现。

智者自度:菩萨只保佑那些肯帮助自己的人

三十三天天外天,九霄云外有神仙。神仙本是凡人做,只怕凡人心不坚。

——佛家偈语

有一个落魄的书生站在屋檐下躲雨,而他身后的房间里就有一把雨伞,不过这个书生实在是太懒了，根本不想自己打伞，只想着别人打伞送自己一程。

不一会儿，书生就远远看到一个和尚打着伞走了过来，于是便高声喊道："大师，佛陀不是说普度众生吗？你度我一下怎么样？"和尚回答道："你在屋檐下躲雨，而我举伞行走在雨里；你站的地方没有雨，我行走的地方有雨，何必要我度你呢？"

书生听了和尚的话，马上走进了雨中，说："我现在也站在了雨里，跟你一样了，这下子你该度我了吧。"和尚说："你在雨里，而我也在雨里，现在我们都在雨中，我没有淋雨是因为我带伞了，而你淋雨了是因为没有带伞。准确地说，不是我度你，而是伞度我。如果要人度你，不必找我，请找伞吧！"

那个书生站在雨中被淋得浑身湿透了，到最后和尚还是没有度他。

书生非常生气，愤怒地说道："不愿意度我就早说，何必绕这么大的圈子，我看佛法讲求的不是普度众生而是专度自己！"

和尚听了书生的话，不但没有生气，反而心平气和地说道："想要不淋雨，就要自己找伞。"

故事中的这位书生，自己雨天不打伞，却一心只想着让带伞的和尚帮助自己，这种想法真是太过分了。一个人，总是想着依靠别人的帮助去过生活，而不是靠着自己的努力去过生活，那这样的人一定是愚蠢而又无耻的。所以，我们在做人的过程中，一定要懂得依靠自己的努力去实现生活目标，千万不能只把眼光盯在别人的身上，不然就会跟这个落魄的书生一样，到头来不但淋了雨，还没有得到帮助——智者自度，求人不如求己，佛理如此，生活亦是如此。

【国学智慧】

"靠山山倒，靠人人跑"。遇到困难的时候，只有依靠自己的努力，才能够找到最终的化解之道——智者自度，机会从来不是别人白白给你的，而是靠你自己争取的；如果你连自己都不去帮助，那么菩萨也没办法帮助你。

如是我闻：人的心灵本来是纯净而无瑕的

如是我闻：一时佛在舍卫国祇树给孤独园，与大比丘众千二百五十人俱。尔时世尊食时，着衣持钵，入舍卫大城乞食。于其城中，此地乞已，还至本处，饭食讫，收衣钵，洗足已，敷座而坐。

——《金刚经》第一品《法会因由分》

我曾经听佛这样说过：那时候，佛陀带领着一千二百五十位大比丘一起修行，他们住在舍卫国的祇树给孤独园。这座园子是舍卫国的长老给孤独施舍给佛陀的。这一天，到了吃饭时间，佛陀穿上袈裟，端着饭钵，赤足走进舍卫城里去乞食。在乞食之后他回到住处，用餐完毕便收拾起袈裟，将饭钵洗净，再用清水清洗双足，然后安静坦然地坐下。

这是《金刚经》的开头部分，为我们描述出了这样的一副简单的画面的同时，又向我们传达出这样一种感受：越是简单平常的生活，越是能让心灵祥和安宁、平静安适；越是以一颗简单平常的心面对生活，越是能感受到生活中处处呈现出的平静安适。

也许你会惊叹：伟大如佛陀者，每天的日常生活也只是这样吗？那他和我们普通人的生活，看来似乎没有什么两样啊。

其实，佛陀也是从平常人一路修行而得到觉悟，在世间解脱的。最初，他与我们本没有两样，和我们一样有着各种烦恼。但是他比普通人更愿意思考，他从生老病死的现象中思考，虽贵为太子，却能摒弃常人难以舍弃的财富地位进而参悟到无上甚深的真理。因为悟到了这些真理，佛陀成为世间最有智慧、活得最为安适自在的人。

佛陀经过多年苦修，参悟到无上的真理。他认为人们的心灵本来是纯净而无瑕的，人们的生命也能达到一个相对来说圆满、自在、喜悦的状态。可为何世人还会觉得生命苦难重重，身心疲惫呢？佛陀说，那是因为人们的心被“无明”困扰，因“无明”又生出贪、嗔、痴三毒，搅扰得人们内心不安、日夜不宁。人们的那颗心，随着外境的变化而变化。当遇到顺境时，人们便欢喜这顺境，并产生执着之心；当人们遇到逆境时，便会对这逆境生出极大的嗔恨。这颗心就这样反复变化着，让自己永远活在疲累之中。

有时候，我们还会把自己焦躁不安的情绪传染给别人。佛陀告诉我们，不论外境如何变化，我们也根本没必要恐惧、焦虑，因为一切事物本身就是因缘和合而成，都在不停地变化之中，而你的心若能安定，便可轻松应对一切，根本无须恐惧。

【国学智慧】

若是真能把心静下来，归拢到一处，我们也可以像佛陀那样，即便吃着简单的食物，穿着粗糙的衣服，一样能自得安乐。这是一种发自内心的快乐，这种感受平静祥和，给人以温暖和慈悲的力量。

自我修行：生活中处处是道场

佛告须菩提："诸菩萨摩诃萨，应如是降伏其心：所有一切众生之类：若卵生、若胎生、若湿生、若化生；若有色、若无色；若有想、若无想；若非有想非无想，我皆令入无余涅槃而灭度之。如是灭度无量无数无边众生，实无众生得灭度者。何以故？须菩提！若菩萨有我相、人相、众生相、寿者相，即非菩萨。"

——《金刚经》第三品《大乘正宗分》

佛陀对须菩提说："各位大菩萨，应当这样降伏迷妄之心：一切有生命的存在，不论是卵生的、胎生的，还是湿生的、化生的，也不论是有形质的还是没有形质的，有心识活动的还是没有心识活动的，以及既非有心识活动又非无心识活动的，这所有的生命体，我都要使他们达到寂静安乐的涅槃境界，让他们得到彻底的解脱。如此这般度脱了无量无数的众生，但实质上，又没有什么众生得到了度脱。为什么呢？须菩提，如果菩萨心中有了自我相状、他人相状、众生相状、生命存在的时间相状，那么就不能成为菩萨了。"

佛陀这就开始给须菩提和其他大比丘说法了。他们不是在庙宇，也不是在圣坛，而是在一处园子里。佛陀说法，没有固定的场所，也不是在多么特殊的建筑里，这也是在告诉我们，生活中的任何地方、任何时间都可以成为我们修行、安心的道场。

我们活在世间，总得劳作奔忙来维持生活。可是，很多人在繁忙之余却忘记了修行，或者说没有把修行落实在生活里，最终导致内心不得安宁，生活处处不如意。因此，我们要想得到一个幸福喜乐的生活，那就必须谨记：生活中处处是道场，时时都是修行时；释放烦恼是一个需要长期坚持的修行过程，而不是临时抱佛脚

【国学智慧】

也许，在以往的人生中，你事业上取得了成功。但你却把“成功”当作了人生的全部，除此之外，你再看不到人生中的其他乐趣，再没有对其他事物的追求。于是，这“成功”便成为你心头的执着，它绑缚了你的心，而原本你的心应该是自由而自为的。尽管你在事业上很出色，令他人羡慕，但你还是对人生有一种无所适从感，而你的心也处在一种空虚、不满足的状态之中。所以，我们应该放眼看看自己的生活，不断审视自己的生命，让修行贯穿着我们人生的每一天。

第十二课

体味道家的风骨

——道法自然必能功成名就，知足惜福方能逍遥自在

尘世喧嚣复杂，容易让人忘记倾听自己的内心的声音，错过了生命的栖息地，也错过了灵魂的归宿，最终随波逐流般地在人世间漂泊。我们要停下漂泊的脚步，就应该去学会品味生活、品味人生。而道家学说，恰恰就有这么一种神奇的功效，能够让我们在忙忙碌碌中沉静下来，温暖而又冷静地打量这个世界。因此，我们就要去聆听老庄哲学，领悟道家思想，最终逍遥自在地生活在人世间。

水善利万物而不争：急流勇退，明哲保身

水善利万物而不争，处众人之所恶，故几于道。

——老子·《道德经》第八章

水善于滋润万物而不与万物相争，停留在众人都不喜欢的地方，所以最接近于“道”。

“水利万物而不争”，对于我们现代人而言，依然有着很大的借鉴和启示作用：做人，就应该像水滋润万物一般，不要着急着去与人相斗，而是应该学会以柔克刚，顺应时势去做自己该做的事情，如此才能够少受羁绊，过上平静安稳的生活。

孙武，字长卿，齐国乐安（今山东广饶）人，春秋时期著名的军事家、政治家，尊称兵圣。少年时，勤奋好学，尤其是喜欢听别人讲与战争有关的故事，并开始研习兵法。长大后，孙武已经成为了很有韬略的年轻军事人才，为了避祸，他逃到了吴国。来到吴国之后，孙武一方面带人垦荒种田，一方面继续研究兵法谋略。后来，吴王非常的赏识他，与伍子胥一起，成为吴王的左膀右臂。

在吴国得到重用的孙武，逐渐开始展现出了他的军事才华，他和伍子胥将吴国的军队训练成了当时最能打仗的军队，而且在此后一连串的战争中都取得了胜利，让吴国成为显赫一时的军事强国。可是，就在孙武站上了事业的巅峰之际，他却选择急流勇退，决心退隐山林。

当孙武退隐的消息传到老百姓的耳朵里时，大家都不相信，觉得孙武正处于人生的巅峰，为什么要着急着引退呢？原来，深通政治谋略的孙武知道“飞鸟尽，良弓藏；狡兔死，走狗烹”的道理，趁着吴王还没有对他生杀心，便急流勇退了。后来的事实也证明，孙武的做法是对的，吴王整日饮酒作乐，滥杀大臣，最终落得了一个国破身亡的下场。

孙武的急流勇退，其实就是一种“水利万物而不争”的智慧。如果他一直不肯舍弃手中的权力和利禄，那么等待他的有可能就是身败名裂。所以，对于我们现代人而言，在深处辉煌之际，一定要有长远的眼光，多为未来考虑考虑，倘若自己不能把握未来，那么就应该像孙武一样：急流勇退，明哲保身。

【国学智慧】

漫漫人生路，只有低头，才能发现生活的另一面；后退一步，自可海阔天空。当我们深处复杂的斗争中之时，就应该早作打算，提前准备好退路，必要的时候及时抽身，如此才能够保全自己。

以管窥天：坚决克服自己的狭隘之心

是直用管窥天，用锥指地也，不亦小乎？

——摘自《庄子》

天是广阔的，地是广阔的，海也是广阔的，所以人的心也应该是广阔的。只要人的心是宽广的，自然就能够容纳错误、指责、批评，也能够接受赞美、奖励。但是一个狭隘的人却无法欣赏到那么多的美景，他看不到灿烂的阳光，看不到鲜艳的鲜花，在他的心里只有毒辣的太阳，干瘪的花朵。因为这样的人总是带着自己的想象来生活，他的心被无数的想象和编造的故事所充满，所以能够装下的正面信息也就越来越少。

很多狭隘的心态都是因为自己的猜忌，因为自己不明白别人，所以就只能依靠自己的想象和猜测来对待别人，于是把别人想象成带着吸血牙的魔鬼，把自己困在一个漆黑的牢笼里面。

虽然周瑜是一个很有才能的人，但是却因为他的心胸不够宽广，因此直接导致了他的死亡。周瑜派遣了大量的兵马攻打南郡，但是诸葛亮却在他和曹仁斗得你死我活的时候，让赵云偷偷地占领了南郡城，而张飞袭击了荆州。周瑜气得大叫一声，这一叫导致了他的旧伤复发。第二次，周瑜原本想要利用孙权的妹妹孙尚香嫁给刘备之后，对刘备加以谋害，但是诸葛亮却用计让周瑜赔了夫人又折兵，于是周瑜又气得旧病复发。第三次的时候，周瑜打算用“假途灭虢”的计策的时候，诸葛亮提前看穿周瑜其实是想偷偷地取荆州的目的，于是做好一切准备等着周瑜来，周瑜发现自己的计谋又一次被诸葛亮识破，于是气得大叫：“既生瑜，何生亮？”最后抑郁而终，周瑜死的时候才三十六岁。不能不说，周瑜这样一个有才能的人却看不开，最后被诸葛亮利用他这个弱点把他打败，真是不值得。

要做到心胸广阔，就要懂得用积极正面的思维方式，更要懂得让自己以一种开门见山的相处方式和别人相处，这样才不会陷入无端的猜忌中去。而更重要的是，要明白自己想要什么，不要过多的纠缠于一些不重要的事情，多包容别人，多设身处地地为别人想想，或许你就会明白什么叫做心胸广阔。

【国学智慧】

心胸广阔是一种气度，也是一种生活方式，不要总是强迫自己去做什么，想什么，让一切简简单单，这样的生活才是幸福的。一个心胸宽广的人能够有良好的心态，能够有包容一切的力量，也能够让自己过得快乐。

和光同尘：百忍成金，方能成大事

挫其锐，解其纷，和其光，同其尘。

——《道德经》

和：缓和；同：混合。和光：混合各种光彩；同尘：与尘俗相同。指不露锋芒，用与世无争的平和处世方法。同富贵，你落魄也不离不弃。这句话是道家“无为而治”思想的体现，想要成大事，必须做到百忍成金。

处世之法，在于待人有宽人之量、对于诽谤自己的话要有忍辱之量、对待忠言要有虚受之量、对事物要有容纳之量。要知道，“木秀于林，风必摧之”，唯有“和光同尘”，才能“与时舒卷”。

人生有六忍，忍不平之事、忍冲动的话、忍怨恨的气、忍磨人的苦、忍贪婪的欲、忍难解的情。忍也许很难，但是不忍的结果却会给你带来很多负能量。要知道，忍是一种魄力、眼界，更是一种顿悟和处世的技巧和做人的智慧。

康熙皇帝在九岁时，十分愤怒于鳌拜一手遮天、作威作福的情形。待到忍无可忍之际，他便跑到一个小院子里大喊：“我要杀了鳌拜！”这句话被他的祖母听到后，赶忙上前将其制止，对其说："放肆！小小年纪怎可胡言乱语，以鳌拜今日的权力，要废了你易如反掌。如果一味地任由自己的心性，那么等待你的结果就是整个爱新觉罗家族毁于你手。九岁便如此狂妄，怎么做皇帝？"

听完祖母的一番话，小小的康熙沉默了。从此之后，他再也不曾提及此事。直到他十七岁那年，才设计将鳌拜擒杀。他足足忍了鳌拜八年，这其中的艰难谁能想象？但是，忍了这难熬的八年之后，康熙迎来了长达 61 年的执政，开启了康乾盛世的繁荣景象。

因此，有的时候，忍可能是怯懦的表现，但其内在全是刚强。忍，是人生的一种基本谋生技能。只有学会忍，才能更为得心应手地游走四方。

【国学智慧】

庄子有云："强力忍垢，吾不知其他也。"难道庄子真的不知道除了忍之外的其他吗？只不过，他认为只有忍才能让人获得成功。漫步人生途，当忍之处，俯首躬耕，勤力劳作，无语自显品质。不当忍处，拍案而起，奔走呼号，刚烈激昂，自溢英豪之气。

我国自古就有话云："小不忍则乱大谋。"要成大事必须要有远志，此外还有一样更重要的品质，那就是要有度量。忍耐是一种理智，也是目光长远的体现。古往今来，但凡成大事者，都是善忍之人。像康熙那样，在忍耐中韬光养晦，实为成功之基石。

少私寡欲：简单的快乐，用心地做“我”

见素抱朴，少私寡欲，绝学无忧。

——《老子》

一个人若能在内在上控制个人的私心，才能廉洁奉公。若能在外在上抵御外物的诱惑，才会不为性情所乱。这样才能成就“德”这样的理想人格，获得简单的快乐。

这个世界上的许多人都在自怨自艾，认为自己不快乐。于是他们都在竭尽全力地以自己的方式去寻找快乐，然而这些人得到的结果却是越来越不快乐。这，是为什么呢？

曾经有一位禅师说过：“生活，就应该做到四随——随遇而安、随缘而化、随性而动和随机而作。”这四随是什么意思呢？让我们先来看一则小故事。古代有一个老农，他的一生过得都不愉快。究其原因，无非是他并没有实现自己的许多目标。在他的人生走到最后一刻的时候，他终于认识到，无论是在什么情况下，人都不应该以牺牲自己的情绪为代价，要时刻快乐。但是，他认识的太晚了。他说：“我本应该是一个快乐的人，但是我的一生遇到了诸多麻烦，于是我便听之任之。因此，我的一生都快乐！”当失意彷徨的时候，对自己说：“这是生活的一部分，既然选择就不要后悔。”

是的，只有一个人能够控制自己内心的欲望，一切随心所动，才能获得最简单的快乐。不要让烦恼中断自己的梦想，更不要畏首畏尾的让自己不快乐。只有简单的生活，才能遇见最真实的自己。

生活中快乐的方式和途径有很多种，有钱的人认为钱能让他们感到快乐，有权利的人则认为权力是促使他们快乐的因素。但是，我们呢？我们的快乐应该是自己所给予自己的简单而充实的生活。那么，怎样才让自己快乐地生活呢？那就是“少私寡欲”。

少一些欲望，少一些攀比，常保有“知足常乐”的心态，便能获得最为简单的快乐，得到最为真实的自我。

【国学智慧】

老子认为“道常无名，朴。虽小，天下莫能臣。”这句话在教导我们什么呢？终其根本，生活和快乐都是非常简单的，然而这些“简单”却不易得。唯有用心的做我们自己，才能触及这些简单的快乐。用简单的生活态度去面对生活，用积极明朗的生活态度去收获，才会用心做我自己，获得最为简单的快乐。

不居功，功自言：视不足为缺憾，方能进取

不居功，功自言。

——《老子》

这句话的意思是，不要居功自傲，功劳自己会彰显你的才能。在这个社会上，不过分显示自己，不常常自以为是，这样一来那些成就才会突出。不

常常夸耀自己，这样才会有功绩。不自诩为“贤能”，这样才会受到尊重。只有这些不与人相争的，世界上没有人能和他相争。

道家的中心思想无外乎“柔弱胜刚强”的哲学思想，老子所谓的“不居功”，不是不去表露自己的功劳，而是要知道以不“居”的姿态才能使你立于不败之地。在这个世界上的每一个人都有自己的软肋，或是懦弱或是不够坚强。

“金无足赤，人无完人”，我们每个人的身上都有许多缺点和不足，但是面对它们，我们既不能置之不理，无视这些缺点的存在，这样一来这些缺点便会成为我们成功路上的绊脚石。更不能被这些缺点吓倒，从此一蹶不振。正确对待我们自身不足的方法是在善于发现错误的基础上，积极地改正错误，正确认识自己，努力克服自身的不足。唯有如此，我们个人才能取得进步。

那么，我们应该如何认识自己的不足呢？你可以尝试以下几个步骤，首先要每天自省。曾子曰：“吾日三省乎吾身。”自省跟我们常说的扪心自问有着异曲同工的意思，就是反思和内省的意思。其次，要时常与他人相比较，以人为镜，可以明得失。通过这个步骤和途径，我们便能在他人的身上看到自己的缺点和不足，找到不足的原因和解决的方法来改变自己。最后，就是通过他人的评价来得知自身的缺点和不足。一般，他人的评价都非常客观，我们可以在很大程度上得知自身的偏差，从而改变不足，得到更大的进步。

【国学智慧】

老子说：“夫唯不争，故天下莫能与之争。”也许，你会觉得这个观点与时下的社会现实有着极大的反差。但是，老子的话并非告诉你真的不争，而是要在不争的情况下，看到自己的不足和失败。从而知道自己进步的空间在哪些方面，通过提升自己的能力，获得更大的成就。

国学在台湾

GUOXUE ZAI TAIWAN

第十三课

领略法家思想

——仓廪实知礼节，衣食足知荣辱

千丈之堤以蝼蚁之穴溃，百尺之室以突隙之烟焚。失火而取水于海，海水虽多，火必不灭矣，远水不救近火也……千百年来，法家的智慧不但一直影响着中华民族的前进脚步，也一直影响着每一个中国人的生活与人生。时至今日，法家的很多智慧依然闪烁着耀眼的光芒，值得每一个华夏儿女去学习、去体悟——要生活幸福，人生圆满，不妨听听法家的思想家们是如何说的。

目不见睫：有自知之明，方能做人上人

楚庄王欲伐越，庄子谏曰："王之伐越，何也?"曰："政乱兵弱。"庄子曰："臣患智之如目也，能见百步之外，而不能自见其睫。王之兵自败于秦、晋，丧地数百里，此兵之弱也。庄蹻为盗于境内，而吏不能禁，此政之乱也。王之弱乱，非越之下也，而欲伐越，此智之如目也。"庄王乃止。故知之难，不在见人，在自见，故曰："自见之谓明。"

——选自《韩非子·喻老》

楚庄王想发兵攻打越国，庄子劝谏道："大王为何要攻打越国呢?"楚庄王说："因为越国政事非常混乱，军队战斗力很差。"庄子说："我担忧智力和见识就像眼睛一样，只能看到百步之外，却看不到自己的睫毛。大王的军队被秦国、晋国打败之后，丧失了数百里之多的土地，这说明楚国军队战斗力差；庄蹻在境内偷盗，官吏们却毫无办法，这说明楚国政事混乱。可见楚国在兵弱政乱方面，比起越国来更加不如。可是您却要发兵攻打越国。这样的智慧就如同眼睛看不见眼睫毛的道理一样。"听了庄子的话，楚庄王便打消了攻打越国的想法。因此我们要明白，完整清楚地认识事物是很困难的，难点不在于我们能不能看清别人，而在于我们能不能看清自己。所以说："自己看清楚自己才能称之为明智。"

自己的眼睛连自己的睫毛都看不见，这是众所周知的道理。不过，又有多少人能从中感悟出这样的处世智慧：你的眼睛也许可以看清楚整个世界，能准确地观察和评价所有客观事物，但是你的眼睛却永远都看不清楚自己——人，最难看清楚的就是自己。

在现实生活中，很多人都在为自己不能晋升或得不到好的发展机会而发愁，处处不得意。殊不知，他们的苦恼往往是因为没有自知之明而造成的。比如说，一个人的才能只能做一个普通公务员，但是他却整天为自己当不上市长而忧愁，那么他的痛苦就是源于自己没有自知之明。

俗话说得好，知人者智，自知者明，我们只有正确认识了自己，看到了自己身上的长处与缺陷，才能够在激烈的社会竞争中扬长避短，用优势掩盖劣势，进而赢得胜利。另外，自知也是一种做人的智慧，只有自知才能够准确把握自己，不好高骛远，也不妄自菲薄，从而让自己在社会竞争中处于一定的优势地位。

【国学智慧】

要想做一个有自知之明的人，就必须保持谦逊的态度，凡事不要总是固执己见，不要高高在上，觉得自己永远都比别人高明。要知道，每一个人都不会比别人聪明多少，你认为别人笨的时候，恰恰是体现你的愚蠢的时候。所以，要想有自知之明，就必须保持谦逊的态度。

以镜观面，以道正己：走正道才能成功

目短于自见，故以镜观面；智短于自知，故以道正己。

——《韩非子·观行》。

每个人都不能用自己的眼睛看到自己的脸，因此要用镜子来观看它；有智慧的人往往缺少自知之明，因此用法则来端正自己。

在古代，有一位非常勤奋的书生，他想在每个方面都强于身边的人。但是事与愿违，无论他怎样努力，都没有长进。非常苦恼的他，来到禅院请教禅师。

禅师叫来大弟子，吩咐大弟子说："你带领这位施主到后山打几担柴火，最好多一些！"于是年轻人跟着大弟子进山打柴去了。待他们返回的时候，禅师就在原地等着他们。

年轻人非常疲累，气喘吁吁地说："一开始我砍了六捆柴，谁知走到半路扛不动了，于是扔了两捆。又走了一会儿之后，还是被压得喘不过气，于是继续扔了两捆。最后，我只带回了两捆。可是，我已经非常努力了。"

大弟子则表示自己个子矮、力气又不大，根本扛不了两捆。于是选择了水路的大弟子，非常轻松地带回了八捆柴。

听完两人的话，禅师语重心长地对这位年轻的书生说道："路在脚下，选择最适合的路才最容易取得成功！"

人的眼睛看不见自己，所以用镜子照着观察面孔。才智不足以认识自己，因此选择用法术来修正自己。离开镜子，人们就不能修整胡子眉毛。离开法术，人们就不能辨别是非。因此，只有选择一条正道，才能决定你的价值。想要成功，不是只是仰仗一味的努力。

要知道，仅仅依靠勤劳是不一定会取得成功的，还必须有一个明确的方向，只有“正道”才会引领你的人生。只有方向是正确的，那么你的努力才会有价值。“正确的道路”是引导一个人命运的根源所在，想要结果有所不同，必须让思想有所不同。

【国学智慧】

西门豹性情暴躁，于是常佩带柔韧的皮带，以此来提醒自己要稳重；董安于性情温吞，因此要佩带绷紧的弓弦，以此来鞭策自己要迅速。从古至今，用长处弥补短处的就是英明。就好像以镜观面，才能知道自己欠缺的地方。而想要取得成就，就必须选择正确的道路。否则，一切的辛勤都是为自己设障碍。

千里之堤，溃于蚁穴：不要小看那些不起眼的小事

“千丈之堤，以蝼蚁之穴溃；百尺之室，以突隙之烟焚。”

——《韩非子·喻老》

即便是长达数千里的堤坝，也会因为常有蚂蚁的洞穴而崩溃；百尺高楼，可能因为烟囱的缝隙冒出火星引起火灾而焚毁。这句话比喻如果处理不

当小的事情，便会造成大的祸端。

要知道，那些从来不能从小事中看到未来的人是真正的愚人，等待他们的只有溃不成军的失败。相反，智者是能够从小事中看到未来的。

荀子说："不积跬步不以至千里。"世上的东西，无论体积多么的庞大，往往都是由最小的东西组成的。不单单是动物界，即便我们人类也是如此。谁不是由一个婴儿成长成人的？在这个成长的过程中，谁没有遇到过失败和挫折，同时增长智慧和知识？

如果一个人在人生的长河中，只知道把眼睛盯在那些宏大的目标上，而不从眼前的小事着手一步步向目标前进，那么这个人是永远不会完成那个大目标的。相反，如果一个人可以默默地完成身边的小事，那么等待他的一定是蔚为壮观的大收获。

刘备说过："勿以善小而不为，勿以恶小而为之。"不去做小的善举，便不会广施奉献。犯了一个小的错误，一定有一个大的过失在等着你。你应该记住，小瞧了那些不起眼的小事，便不能平稳地向你的人生路迈进。如果因小而失大，那岂不是得不偿失？

只有心甘情愿地完成遇到的每一件小事，才能积累这些小事的经验去圆满地做好大事。每个人的人生都是从小事开始，所以从现在起，开始重视那些你所遇到的每一件小事吧！

【国学智慧】

如果连小事都做不好，又怎么能干成大事业呢？《吕氏春秋》中提到了这样一句话："小利不去，大利不来。"这八个字可谓精辟，在你我的身边，因为趋避小利而忘记大义的人屡见不鲜。这些只顾眼前蝇头小利的人，缺乏预见长远发展的能力，做事情只图一时痛快，没有长远的规划，怎能得到成功的眷顾呢？

人生成功小事起，万丈高楼平地起。无论你的目标远大也好、渺小也

罢，都要始终坚信“千里之行，始于足下”，唯有重视身边的小事，你才能一步一个脚印地攀登人生高峰！

远水虽多，不救近火：远亲不如近邻

失火而取水于海，海水虽多，火必不灭矣，远水不救近火也。

——《韩非子·说林上》

鲁穆公想让自己的儿子们到其他的国家去做官，当时的大臣犁鉏说：“求助越国的人来救落水的儿子，越国的人虽然善于游泳，儿子肯定不能活的了。失火了却要到海里去取水，海水虽然很多，火肯定无法灭的啊，远水不救近火！”于是鲁穆公放弃了自己的想法。

“远水虽多，不救近火”的意思是，远处的水救不了近处的火，比喻慢的办法救不了急。在当今的社会中，这句话逐渐不及另外一句话“远亲不如近邻”更符合当下社会的现实状况，“远亲不如近邻”出自元代秦简夫《东堂老》第四折：“岂不闻远亲呵不似我近邻，我怎敢做的个有口偏无信。”指遇有急难，远道的亲戚就不如近旁的邻居那样能及时帮助，表示邻里之间关系亲厚。

那么为什么，远亲不如近邻呢？这句话，是人类从长期的生活实践中积累出的切身体会。现在的我们离不开家，更离不开邻居，要知道平时遭遇一些难事，无形之中，邻居成为给予你最多帮助和依靠的人。那么想要达到邻里之间的关系亲厚，我们应该怎么做呢？

首先，邻里之间要团结友爱，与邻为善就是于己为善。其次，与邻居之间还要相互关心、帮助，这样才能和睦相处。在与邻居打交道的期间，切忌以我为主，要时刻秉承身体力行的态度，从自己的点点滴滴做起，真正做到与邻里和睦相处。

【国学智慧】

《南史·吕僧珍》记载着这样一个故事：南康郡守季雅被罢官之后，他花费了一千一百万买了吕僧珍院旁的一所住宅。吕僧珍听说价格如此昂贵，为季雅感到不值。但是他却说："一百万买的是宅院，一千万买的是邻居。"

为了有好的邻居，古人季雅不惜高价，买宅为虚，实则是在买邻。拥有一个好邻居，是一种幸福。邻里之间友好相处，也不失为一种幸福。拥有和睦而友善的邻居们，遇有急事之际，远道的亲戚就不如近旁的邻居那样能及时帮助。

立志之难，在于自胜：成功者都是能战胜自己的人

志之难也，不在胜人，在自胜。

——《韩非子》

立志的境界，不在于胜过别人，而在于胜过自己。能够成功做到这一点，才是最困难的！

世人常常将眼光放在他人身上，一心只想着怎样去超过他人。这固然无

可厚非，但其实最难能可贵的是超越自我。没有谁的人生都能一帆风顺，但是只要努力超越自我，那便是精彩。

古代的时候有两个兄弟遭遇了一场大火，虽然幸得存命却被毁了容貌。哥哥因为难忍外人的指指点点于是自尽而死，而无论遭遇何种冷嘲热讽，弟弟都艰难地生存了下来。他认为，自己死里逃生，那么他的生命比谁的都有价值。

是的，我们常说的“人定胜天”，这个“天”指的正是命运。但是“人各有命”，想要胜天的你在面对逆境的时候，首先要战胜的不是别人而是自己，战胜了自己就等于战胜了别人。我们在最困难的时候战胜了自己，才能顶住外来的压力，在日后成就自己。那么，我们应该怎样战胜自己？

首先，要给予自己最大的信心。不要认为自己平庸，就不敢有更高的要求。当对自己的人生了有更高的要求，那么就会挣脱自我约束，成就更高。其次，不要被舆论所左右。在这个世界上，埋头苦干的人很少，评头品足的人却很多，这意味着当你按照自己的意愿生活或工作的时候，总会遇到那些讥笑和嘲讽。相信我，如果你被它所左右，那么你就会丧失获得成功的机会了。要时刻谨记，干自己该干的，并且争取做到最好。这样，你才会得到成功的眷顾。如果因为别人不看好你，你就不好好做事情，那么结果只有与成功失之交臂。

这两个步骤，一是要主观给予自己信心，助自己一臂之力；一是摒弃客观的影响，让自己成就更高的自己。

【国学智慧】

想要战胜自己，必须为自己设立成功标准，不要为别人所左右。假若你曾经失败，别把它当做负担背负在身，要轻装上阵。无论何时，成功都属于那些决心把事情进行到底的人。要成功，就别一心看别人，要时刻与自己相比较。与昨天相比，今天有哪些收获？与上次相比，这次有哪些进步？与去年相比，自己有哪些成长?

要知道，一块再完整的石头的价值都不能与一块有瑕疵的玉石相比较。每个人都有怯懦软弱的时候，强者之所以被称作“强者”，正是在于他能够战胜自己，并为自己安排更有意义的生活。

第十四课

修身治学

——人性善的光辉会将自家的恶迹掩埋

古代圣人先哲们的修身之法与治学态度对于现代人而言，依然有着很强的借鉴和启示作用：修身必须治学，因为你没有过硬的文化基础是很难修得正果的。古语云："不学若使墙面而立，沐猴而冠，所不取也。"不学习只讲修身的人，就如同穿衣戴帽的猴子，不管衣帽多么的华丽，终究只是一只猴子。另外，治学与修身，能够让我们的品性更高尚，让我们人性中的善良被大大激发，最终将人性中恶的那一面掩盖住。

子曰：朝闻道，夕死，可矣

子曰："朝闻道，夕死，可矣。"士志于道，而耻恶衣恶食者为足与议也。

——摘自《论语·里仁第四》

在孔子的思想里把"仁"看做是一种人类社会的核心，这不仅作为孔子的做人准则，更是成为孔子推行的政治理想。甚至孔子对于这种急切希望别人能够理解的心情都可以变成早上被采用，晚上就可以死的期望。这在今天看起来似乎有点过于可笑，你都死了，还怎么实行你所期望的政令呢？但是从另外一个方面来看，这是孔子对自己信仰的一种责任。

他迫切地希望自己的政令、观念能够获得别人支持和赞同，就好像伯牙需要子期，而子期也不会辜负伯牙一样。孔子的政治观念需要被欣赏，但是孔子的子期没有出现，他渴望一个知己出现，能够把自己的想法实行出来。

人总是容易懒惰和安于现状，如果有饭吃，有衣穿的话，什么政治主张，什么信仰都很容易丢在一边。但是如果每一个人都这样，那么这个社会还有机会进步吗？所以这个世界上总是会有人以身殉道，他们希望通过自己的牺牲来唤醒那些内心还在沉睡的人，或者是对这个社会感觉到有些失望的人。

其实我们每一个人心中都有自己的信仰和追求，但是在繁复的现实中，心中的信仰和追求常常被所谓的柴米油盐给浸泡得看不出原貌来。甚至最后会消失在记忆中，人的劣根性中有一项是懒惰，因为过于懒惰，所以不想坚

持那些难以坚持的东西，因为懒惰，所以不愿意把世界上美好的东西坚持下来。渐渐的，每一个人都淹没在一些生活琐事上，终日不得解脱。孔子之所以成为圣人，是因为他可以在繁复的现实中找到自己的信仰和坚持，并且义无反顾地坚持下去。

也许我们做不到孔子这样的决绝，但是却应该像他那样保持内心的追求，克服自身的劣根性，最终以一种纯洁的心态生活在这个世界上，不断地完善自己。

【国学智慧】

人和人之间之所以会出现差异，最大的原因就是有的人能够克服自己身上的缺点和劣根性，这样的人就会表现出比别人更优秀的一面，而有的人就算开始内心有足够的纯洁，但是最后还是淹没在喧嚣中，这样的人不自省，也不愿意从现实的迷雾中走出来，所以这样的人或平庸，甚至是庸俗。如果还希望自己能够越来越优秀，能够保持住内心的纯洁，就应该不断的克服自己的缺点和劣根性。

扫天下始于扫足下：一屋不扫，何以扫天下

一室之不治，何以天下家国为？

——清· 刘蓉《习惯说》

不积跬步，无以至千里，不积小流，无以成江海。路是一步一步走出来

的，饭是一口一口吃进去的，世界上没有任何事情任何人能够做到一步登天，一步到位。天下是由一件一件的小事累积出来的，国家是由一个一个的人组成的，所以无论是谁都要从小事做起，都要先管好自己才能管好别人。

现在很多年轻人刚毕业就失业，为什么会这样呢？其实就是因为他们踏出校门以后总想着干大事，而不屑于做一些鸡毛蒜皮的小事，但是，现实是做大事的人都是从做小事开始的。于是年轻人毕业以后找不到大事来做，小事又不愿意去做，结果就是毕业就等于失业。老人们总是劝年轻人不要好高骛远，要脚踏实地，但是很多人不明白什么叫作脚踏实地，他们认为做大事才是脚踏实地，其实脚踏实地的意思就是让人在走路的时候一步一步地走，做事的时候一点一滴的做，没有人可以跳过小事而直接做大事，就算有这样的人也注定失败。

其实人生就是由无数的小事组成的，一心想要做大事的人，首先要学会做小事。如果这个人连小事都做不好，那么又能够指望他做什么大事呢？

东汉的时候有一个叫做陈蕃的人，他总是胸怀大事，总是说他希望可以做一件大事，但是他自己住的地方却脏乱不堪。有一天，他父亲的朋友薛勤看到这样脏乱的屋子，于是对他说希望他能够打扫干净一些，但是这位胸怀大事的陈蕃却说："我一个大丈夫，应该做的是扫除天下的污渍，怎么能够扫这样小的一间屋子。"薛勤听到这样的话不禁觉得好笑，于是就反问陈蕃："你连这样小的屋子都扫不干净，那么又凭什么扫天下呢？"陈蕃听了以后无言以对。

在现实中这样的人不在少数，他们认为自己的手是用来做大事的，所以只要是小事都不应该做，结果却是没人愿意找你做大事。

这样的人把自己绕进一个死胡同里，如果不能够找到出路，将永远都一事无成。

【国学智慧】

把小事做好，才有资格做大事。这是一种考验，就像是重要考试之前的无数次模拟考试，要训练你在做事的时候那种细心、认真、谦虚、自信的态度，如果这些态度不能够在小事中培养成为习惯，那么在做大事的时候，还能够做到细心、认真吗？如果连模拟考试都不愿意去尝试，那么又怎么让人相信你可以在重要考试的时候考出好成绩呢？

从善如流：善于听取别人的正确意见

君子曰：从善如流，宜哉。

——《左传·成公八年》

每一个人都有自己的位置和立场，所以每一个人看事情的角度也不一样，于是大家不同的意见就能够组建起一个趋于完整的事实。这就是众人的力量，也是众人的智慧。

对于别人提出的意见有两种不好的处理方式，一是全盘接受，不管对方的意见是否正确，或是意见是否符合自己的实际情况；二是全盘否定，这样的人过于自信，所以在面对别人提出的意见的时候，既不思考也不接纳，只是一味地反对。这两种方式无论是哪一种都是不可取的，因为在现实中，大家会以不同的角度来为你提供信息，如果你全部接受，会导致意见的错位，但是如果你全部否定的话，就会忽略了好的意见。这样做的结果只会害了自己。

意见是每个人对客观事物的看法，因为角度不同，或者目的不一样，所以大家提出的意见也可能产生差异。所以我们要学会筛选出适合自己的意见，并且能够真诚的体会，最后用于生活和工作中，这样意见才能够发挥最大的价值。

很多领导者都很难接受别人的意见，因为他们处于金字塔的上端，所以他们从心底觉得自己比起下层的人更加优秀，在听取别人意见之前就已经做出预判，觉得他们说的不过是一些没有水平的意见，自然很难接纳这些意见。这样做的结果就是形成一言堂，什么都是领导说了算，什么都不用别人给意见，就算是错误的，也得不到改正。

其实让大家提意见的目的不是要追究谁是谁非，而是要集所有人的力量来为一件事出谋划策，让这个事情做得更加完美。所以无论你是一个平常人，还是一位高职位的领导者，都应该抱着谦虚的心态听听别人的意见，从善如流是一种良好的品质。

【国学智慧】

从善如流体现的是一个人的修养和人生智慧，只有狭隘和奸险的小人才不会愿意听别人的意见，当然了，还有那些内心不够强大的人，他们也无法接受别人对自己提出的意见。但是只要你是一个内心强大、阳光的人，就一定可以做到从善如流。

安步当车：活着应该有一种超然淡泊的心态

宣王曰："嗟乎！君子焉可侮哉，寡人自取病耳！及今闻君子之言，乃今闻细人之行，愿请受为弟子。且颜愿先生与寡人游，食必太牢，出必乘车，妻子衣服丽都。”

颜斶辞去曰：“夫玉生于山，制则破焉，非弗宝贵矣，然大璞不完。士生乎鄙野，推选则禄焉，非不得尊遂也，然而形神不全。斶愿得归，晚食以当肉，安步以当车，无罪以当贵，清静贞正以自虞。制言者，王也，尽忠直言者，斶也。言要道已备矣，愿得赐归，安行而反臣之邑屋。”则再拜而辞去也。

斶知足矣，归反于朴，则终身不辱也。

——《战国策·齐策四》

战国时，齐国有一位叫做颜斶的高士。因为他名气很大，齐宣王便宣召他进宫来。颜斶走进王宫后摆出一副随随便便的样子，走到王宫的阶梯处的时候，看见齐宣王正等着他下跪拜见，就停住脚步，不再向前走。齐宣王看到颜斶停下了脚步，就说道：“颜斶，往我跟前走！”令齐宣王没有想到的是，颜斶还是一动不动。更令齐宣王没有想到的是，颜斶张口说道：“大王，走到我跟前来！”齐宣王听了非常生气，站立在两边的大臣们看到颜斶竟然如此不尊重齐宣王，都斥责颜斶，“你是臣民，大王是君主，你怎么可以让大王过来见你呢？”

颜斶说：“我如果走到大王的面前去，那说明我是一个羡慕权势的人；如果大王能够走到我面前，那说明大王是一个礼贤下士的人。与其让我羡慕大王手中的权势，还不如让大王做一个礼贤下士的君主。”齐宣王听后大怒，说道：“到底是君王比士人尊贵呢？还是士人比大王尊贵？”颜斶马上反驳道：“肯定是士人尊贵了，君王怎么会有士人尊贵呢？”齐宣王气咻咻地问道：“你说这话可有什么根据？”颜斶一脸镇定地说道：“当然有了！当年秦国攻打齐国的时候，秦王曾经下了这样一道命令：有谁敢在高士柳下季坟墓五十步以内的地方砍柴的，格杀勿论！他还下了一道命令：有谁能砍下齐王的脑袋，就赐给他万户侯的爵位，并奖赏重金，这么看来，一个君王的头颅，竟然连一个死的士人的坟墓都不如。”

齐宣王被颜斶说得哑口无言，一脸的不高兴。这个时候，大臣们都过来解围：“颜斶，你过来，我们大王拥有千乘之国，邻国没有一个不服气的，大王想要什么就有什么，老百姓没有一个不遵从命令的。你们士人实在是太卑鄙了。”颜斶反驳道：“你们大错特错，大禹主政的时候，老诸侯国有一万多。为什么呢？因为他是尊重士人。等到了商汤时代，诸侯有三千多。如今呢？称孤道寡的才二十四个。由此看来，重视士人与否是得失的关键。从古至今，没有任何人可以不干实事就名扬天下的。所以君王要以不经常向人请教为羞耻，以不向地位低下的人学习为耻辱。”

齐宣王听了颜斶话后，非常惭愧，便说道：“我是自讨没趣了。听了您这一番话后，才知道了什么是小人的做法，希望您可以接受我做您的学生，今后您就住在我这里吧，我保证您每天都有肉吃，出门的时候有车坐，您的妻子和孩子都会穿着华贵的衣服。”颜斶却婉言谢绝了，说：“玉，原来是在山中生产出来的，如果匠人一加工，就会被破坏；虽然这样的玉依然很珍贵，可是它已经失去了原来的模样。士人本来就生长在穷乡僻壤之间，如果选拔上来就享有功名利禄；不是说他不能享有高官厚禄，而是他的本质会被破坏。因此我希望大王能够让我回去。每天晚点吃饭，也像吃肉那么香，安稳而慢慢地走路，就像乘车一般；平安度日，并不比做高官更差。清静无为，纯正自守，自然乐在其中。命令我讲话的人是大王，而讲忠言的人则是我颜斶。”

颜斶说完后，向齐宣王拜了两拜，就辞别而去。

【国学智慧】

国学大师南怀瑾说：“当夜深人静时，一个人跑到高山顶上或大沙漠里，非常宁静，自己的眼泪就不晓得怎么会流下来。这不是悲伤也不是喜欢，那是一种无比的宁静的舒服，身体每一部分都自然打开了，心里的痛苦、烦恼什么都没有了。”可以说，颜斶安步当车的态度，与南先生的这句话有异曲同工之妙。在名利纷争的人世间，淡泊名利是多么高的一种境界，而这种境界恰恰能够为我们带来从容不迫的安逸生活。

牛角挂书：勤勉是通往成功的桥梁

密以薄鞯乘牛，挂《汉书》一帙角上，行且读。越国公杨素适见于道，按辔蹑其后，曰：“何书生勤如此？”密识素，下拜。问所读，曰：“《项羽传》。”因与语，奇之。归谓子玄感曰：“吾观密识度，非若等辈。”玄感遂倾心结纳。大业九年，玄感举兵黎阳，遣人入关迎密。

——《新唐书·李密传》

李密，隋末辽东人，少年时在皇宫当差，后因为好动而被隋炀帝免了差事。一天，他用薄草做的鞍鞯骑牛，在牛角上挂一卷《汉书》，一边走一边看书。越国公杨素正巧在路上看见，慢慢地跟在他后面，问：“哪来的书生这般勤奋？”李密认识越国公杨素，便从牛背上下来参拜。杨素问他读的是什么，他回答说：“《项羽传》。”于是杨素和他交谈，觉得很惊奇。回家后对儿子杨玄感说：“我看李密的见识风度，不是你们能比的。”玄感因此就倾心结交李密 。隋炀帝九年，杨玄感在黎阳起兵，派人入函谷关迎接李密。

“牛角挂书”的典故，几乎每一个中华儿女都耳熟能详。可是，这个典故带给我们的启示却是受用一辈子的：一个人的成才与否，环境、机遇等都非常重要，但是最终的却自身的勤勉。

民国大师蔡元培在《中学修身教科书》中讲道："人之一生，凡德行才能功业名誉财产，及其他一切幸福，未有不勤勉而可坐致者。人生之价值，视其事业而不在年寿。尝有年登期耋，而悉在醉生梦死之中，人皆忘其为寿。亦有中年丧逝，而树立卓然，人转忘其为夭者。是即勤勉与不勤勉之别也。夫桃梨李栗，不去其皮，不得食其实。不勤勉者，虽小利亦无自而得。自昔成大业，享盛名，孰非有过人之勤力者乎？世非无以积瘁丧其身者，然较之汩没于佚乐者，仅十之一二耳。勤勉之效，盖可睹矣。"

可见，勤勉是取得成功的重要条件——东晋时期的大书法家王羲之，每天练完字后都在自家门前的一口池塘里洗笔，结果整个池塘的水都被洗黑了，这个池塘后来就被称之为"洗笔池"，而王羲之也成为享誉千古的"书圣"；司马迁从42岁时开始写《史记》,到60岁完成，历时18年，最终留下了一部恢宏历史巨著；清代文学家蒲松龄在路边搭建茅草亭，记录过路行人所讲的鬼怪故事，数十年如一日，最终创作出了中国古代文学史上划时代的皇皇巨著《聊斋志异》……

所以，我们要想取得成功，那就必须让自己成为一个勤勉的人——勤勉是通往成功的桥梁！

【国学智慧】

台湾大家星云大师说："人唯有在工作里，生命才有办法安住，人活得才有意义。没有工作是很无聊也很乏味的。……这些话，使我领悟到社会上一个成功的企业家，他们之所以能够成功，绝不是从安逸享受中得来，而是从不停地勤劳奋斗中获得的。"

囊萤映雪：苦中作乐，努力读书

车胤恭勤不倦，博学多通，家贫不常得油，夏月则练囊盛数十萤火以照书，以夜继日焉。

——《晋书·车胤传》

晋孙康，京兆人，性敏好学。家贫，灯无油，于冬月尝映雪读书。

——《孙氏世录》

晋朝时候，有两个穷苦人家的孩子，一个叫车胤，一个叫孙康。他们两个人都爱好读书。他们白天都要下地干活，到了晚上才有空读书。可是他们都穷得连灯油也买不起，怎么办呢？他们想来想去，都想出了一个能在晚上读书的好办法。

一个夏天的晚上，车胤坐在院子里乘凉，看见许多萤火虫在空中飞舞，一亮一亮地闪着光。车胤想：要是把许多萤火虫集在一起，说不定能顶得上一盏油灯呢！于是，他找了一块很薄很薄的白纱布，缝了一个小口袋，捉了许多萤火虫放在口袋里。用这个装萤火虫的口袋照着看书，果然能看清楚书上的字。这个办法叫作“囊萤”。

孙康想的办法叫“映雪”。一个冬天的晚上，孙康吃过晚饭，到院子里去看雪。他觉得院子里比屋子里亮多了，就想：雪的反光这样亮，也许能照清楚书上的字吧。他便进屋去拿出一本书来，翻开一看，果然书上的字都看得清清楚楚。他也顾不得天冷，就蹲在雪地里看起书来了。

车胤和孙康这样勤奋学习，后来都成了有学问的人。

现在，很多人在读书学习的时候一点儿吃苦精神都没有，一心想着混张文凭，从来不想着去掌握真才实学。可以说，这样的人无疑是很可悲的——你在学校混毕业证，进入职场后却又怎么混？所以在台湾，很多家长在重视孩子的学历是否拿到手的同时，也非常注意看孩子们是否学到了真本事。

古语有云："学海无涯苦作舟。"时至今日，茫茫学海中突围而出的办法还是苦作舟。所以，我们就应该像车胤和孙康这样能吃苦——只要你吃了该吃的苦，上天待你一定不会很薄！

【国学智慧】

台湾国学大家星云大师说："要让孩子吃一点苦，吃苦是很好的教育，不能娇生惯养。少时吃苦长大受益，梦想受挫爬起来向前。""吃得苦中苦，方为人上人。"这道理，现在很多的家长都明白，可是他们在教育子女的时候，往往因为过于溺爱而做不到，最终让孩子长成了温室里的花朵，一遇到风寒、波折就开始显得抵抗力不够顽强。所以，家长在教育孩子的时候，一定要让他们吃苦，千万不能过分溺爱。

第十五课

人生必须要有信仰

——当你失去信仰的时候，你的世界正在坍塌

读国学，品国学，最大的收获莫过于人生要有信仰。信仰是什么？它是灵魂的栖息地，是生命对于真理的回归，是心灵的锚，是生命不朽的见证。如果我们失去了信仰，那么就会逐渐走向堕落，你的人生航船已经迷失了方向，你的生命失去了期盼，最终等着你的只有一个慢慢坍塌的世界。所以，人生必须要有信仰——有了信仰，人生必然会绽放出耀眼的光芒。

老骥伏枥志在千里：任何时候你都得有梦想

老骥伏枥，志在千里。

——三国·魏·曹操《步出夏门行·龟虽寿》

“骥”是“千里马”的意思，“枥”是“马槽”。这句话比喻即便有志向的人年老，仍有一颗壮志雄心。这短短的八个字，旨在向我们说明：我们每个人，都应该有自己的理想。对理想的那种向往，不应该受到任何限制。

我国古代的南唐为何灭亡？正是源于李煜这个人不思进取，整天不理朝政，一味地沉浸在诗棋书画当中，对人民的死活不管不顾。李时珍为什么能够尝尽百草，撰写出《本草纲目》这样的书籍？是理想在召唤他、引领他，让他不惧任何险阻。

上述两人为何会铸就不同的人生？正是源于两个字——理想。纵横古今，没有理想的人难以拥有大的成就。在生活中，你也会发现那些没有理想的人，所过的是一种怎样的生活。比如路旁逢人便伸出双手，讨饭的乞丐。他们当中不乏年轻力壮者，可是因为没有理想，他们便选择安于现状，选择这种不劳而获的“工作”。他们宁愿选择低人一等，也不愿意靠自己的双手赚钱。悲乎哀哉？

无论你从事何种行业、有哪些或悲或喜的经历，人始终是要有一个理想的！理想，是你人生道路上的指路明灯，是你鲤鱼跃龙门时的那临门一脚，是你深陷低谷时的救命稻草。在我们每个人的人生途中都需要理想的照耀，它督促我们前进与奋斗。

诚然，追求理想的道路一定会布满荆棘。但是，若你听之任之畏步不前，那么等待你的一定是一生庸碌。反之，你与之相抗衡，即便身心俱疲，但是那种达成理想的快乐感一定其乐无穷。

【国学智慧】

庄子说：“哀莫大于心死，愁莫大于无志。”这句话的意思非常浅显，世间最大的愁苦莫过于没有志气，意志消沉到不能自拔。

若小溪无志，怎能汇入万里滔滔江水？若雄鹰无志，怎能翱翔九千里？物且如此，何况人乎？

若司马迁无志，何来《史记》？若鲁迅无志，怎样化笔成器救国救民？没有理想的人，怎能得到成功的眷顾？

唯有志向高远，才能让你收获成功。世间万物皆有理想，任何时候你都得有梦想！

先忧后乐：大丈夫应该以天下为己任

先天下之忧而忧，后天下之乐而乐。

——北宋·范仲淹

一个大丈夫，只有将国家和民族的利益摆在首位，为祖国的前途、命运担忧分愁，为天底下的人民幸福出力，再满足个人，这样才能表现出大丈夫的远大政治抱负。

如果你问我，这个世界上什么人最让人憎恶？那非“旁观者”莫属。这样的人，就好像站在岸边，看着水中的沉船，无动于衷。而与之相对的便是大丈夫，大丈夫时刻谨记自己的责任。

一个人行走于天地之间，胸怀自己的责任，是成为一个大丈夫的起始。能够践行自己的责任，是一个大丈夫的使命。若是摒弃自己的责任，那便跟世上的小人并无二异。相信，没有人喜欢这样的称谓吧！

说起这“责任”，有的人为自己的国家担责任，似岳飞上阵杀敌无畏背负“莫须有”的罪名。有的人肩负家庭重担，无论遭受任何困苦都要坚强面对。有的人则是对自己负责，无论前方有任何坎坷险阻，都不能“白走这一生”。

那么究竟何谓“责任”呢？我们知道，不同于万物，人摆脱了低级趣味，体现自身的社会关系。所谓的“社会关系”便是体现在对人类社会做出的贡献上面。如果我们只一味地从社会中获得供养，贪图享乐。那么，我们就跟“旁观者”没有任何区别了。

先天下之忧而忧，只有社会上的每个人都担负着贡献的责任，这样的社会才是健康的。如果我们只知道“后天下之乐而乐”，那就是自作聪明，大错特错了。一个只知索取不知回报的人，怎么能避免不成为社会的累赘呢？只有多为社会担责，才会获得更多的支持，你的人生价值也会因此不同。

【国学智慧】

假若刘备没有在黄表下发誓“大丈夫如何”，便不会有后来的“桃园三结义”，更何来三国鼎立三分天下？因此，以天下为己任的责任心不单单是一种大丈夫应该具备的素质，更是一种全社会都应该推崇的生活方式。一个心怀天下的人，并不把它时刻挂在嘴上，而是将之付诸行动。

唯有“先天下之忧而忧，后天下之乐而乐”，才能得到他人的尊重，获得更多的自我价值的提升。

吾日三省吾身：时刻自省，才能让信仰之光不熄灭

吾日三省吾身，为人谋而不忠乎？与朋友交而不信乎？传不习乎？

——《论语·学而》

曾子说：“我每天多次反省自身，替人家出谋划策而不忠诚吗？和朋友交往不够诚信吗？老师传授的知识不复习吗？”

我们人生中的每一天都不尽相同，获得过成功也会遭受到失败的打击。面对失败，有人就此消沉，也有人汲取教训。怎样汲取经验？两个字——自省，反躬自省。

何谓“自省”？即，当一个人遭受批评、陷入危机的时候，不要首先向外看去寻找客观的原因，要多向内看，在自己身上多找原因。当然，众人习惯前者，顿觉后者很难。这很正常，但是只有突破自我，才可以获得不一样的成就感。

那么，我们为何要每天多次反省呢？因为不懂得自省之道的人，永远活在浑浑噩噩之中，学习能力欠佳的他们在同一个地方会跌倒两次。面对他人的指责，会瞬间拥有一颗“玻璃心”。

而自省则要求我们任何时候，不要急着为自己做任何辩护或者给自己找任何借口，甚至是指出一切都是外界的或他人的责任，这些都是“自尊”在

作祟。只有当我们的内心足够强大的时候，才会放弃那些过多的自我保护。这个时候，你便可以做到反躬自省了，似乎那团在你心中燃烧的怒火自行偃旗息鼓，那片压你头顶的乌云也销声匿迹了。可见，自我反省除了可以帮助我们提高和改进自身的素质，还能促进身体健康。

【国学智慧】

子曰："君子求诸己，小人求诸人。"善于自省的君子向内看，寻求自我的升华。不善于自省的小人，习惯向外看，不求成长。常常去自省自己的每日的言行，我们在做决定的时候，潜意识便会助你做出更多正确的决定。因此，自省是积极的、愉快的，极具建设性的。

如果我们每一个人都可以时刻保持心灵的醒悟，那么我们不只会避免抱怨的侵袭，更会对未来有更多的憧憬。正如孔子所说，射箭很像君子修身的道理，射不中靶子，要回过头来检讨自己，反躬自省。唯有时刻自省，方可让信仰之光不熄灭。

赴汤蹈火：就算再困难，也不舍弃信仰

以桀诈尧，譬之若以卵投石，以指挠沸，若赴水火，入焉焦没耳。

——《荀子·议兵》

沸水敢蹚，烈火敢踏。赴汤蹈火，比喻不避艰险，奋勇向前。也许你正遭遇人生的困境，但是即便再困难，我们都要为了自己的信仰赴汤蹈火。

有句话说得好："做人，总要信。"这个信，无疑是信仰的意思。人生就是一场信仰，即便遭遇何种苦难，都不能舍弃心中的信仰。

人活一生，总要有自己的信仰，并且时刻相信与坚持。每天忙忙碌碌的工作没有自我，物质生活非常丰富的我们渐渐意识到精神世界的匮乏。因此，社会一直在呼唤"信仰"。是的，我们需要信仰的灌溉。信仰，是成功的起点，它能够帮助我们托起人生的大厦。如果你没有信仰，那么即便是奇迹都不愿眷顾你自己。你就不能够创造奇迹。

徐霞客游遍千山万水，记录很多旅游札记。这一路怎能没有险阻，怎能没有退却？但是，是什么支撑他的呢？是的，是崇高的信仰。

其实，信仰无异于种子，它的力量就是种子的力量。种子埋在土中获取营养，待日后生根发芽。信仰亦如是，信仰引领着你的一切行动，帮助你在人生的舞台上勃发。

崇尚信仰的人敢于直面自己的人生，坦然地去面对任何挑战，这样的人是不屈不挠的，他们与任何阻挡自己前进的阻力相抗衡、做斗争，脚踏实地地去突破所面临的任何障碍，改变自己的命运，使其向更高的方向发展。

【国学智慧】

《国语》有云："定身以行事谓之信。"信，是行事的准则。崇尚自己的信仰，我们的人生便从此不再有任何绝境。无论你遭受多少艰辛、什么样的苦难，只要你心存信仰的种子，那么终有一天你会走出现下的困境，重新遇见更好的自己。

你我的人生，不是任何的外在环境和遭遇所能左右的，而在乎我们心怀的信仰赋予其何种意义。决定我们的现在和未来的，从来不是外在的风云变幻，而是我们内心的信仰！是的，人生就是这样简单，只要信仰的种子还在，那么希望就在！就算再困难，也不能舍弃信仰！

人生无常：生死有如昼夜一样平常

人生本无常，盛衰何可恃。

——《菜根谭》

每个人的人生都不是既定的，其中充满了很多不可控的因素。无常是人生的标签，兴衰成败都是如此的无常，而富贵与穷苦又在哪里？每当思及此，这些名利地位是非得失，都会让人产生无限的感伤，最后心灰意懒。

一位禅师曾经说过："即便我不知道自己的一生还剩下多久，到那时我一定要竭尽全力完成自己的心愿。"

相信，在这个世界上，可以如这位禅师这般豁达的人少之又少，每个人都会多少对死亡有一定的恐惧。我们都在说，生命是一个过程，从初生时的无知到少年时期的天真烂漫，紧接着跨入成熟的青年期以及练达的中年，最后压轴的便是古来稀的老年和死亡。

当我们来到这个世界之后，数十载的光阴说长不长说短不短。当感受到人生中的一切情谊之后，仿佛是在那最美好的一瞬间，我们回到了天堂。相信我，你永远不知道，生命存在的时候才是人生最美好的瞬间，因为人生是无常的。

为何无常？前一秒可能是"三月阳春映白雪"下一刻也许就"屋漏偏逢连夜雨"。生命像极了一只无常的手，翻云便叫我们直冲云霄，覆雨便将我们瞬间打入深渊。可是，面对这种无常，我们能做什么呢？

要知道，死亡是人生的一个不可或缺的过程，即便你再恐惧都不能改变它的到来。所谓“得失无由心”，便是如此。生命，只在呼吸之间。面对如此无常的生命，我们能做的唯有坦然面对，赋予更多的价值在我们的生命中。请相信，任谁都不能改变与逃避，因此从容面对才能避免你的内心对其产生不安。

【国学智慧】

曹操说：“譬如朝露，去日苦多。”人生无常，不能因为我们的个人意志而转移。但即便人生无常，我们却有权让自己活得极具尊严，我们不应该每天都唉声叹气，更不能漫无目标生活。我们应该，让自己的每一天都流光溢彩，创造自己的人生。

面对无常的生命，有智慧的人选择自己生活的方式，永远在追求人生的精彩。只有这样，才能赋予若白昼般无常的生命更多真谛。虽然人生无常，可是我们能赋予它更多色彩和意义！

国学在台湾

GUOXUE ZAI TAIWAN

第十六课

台湾国文课本

——与大陆不一样的教学方式和编写程序

本章节根据台湾中小学一贯课程纲要修订。章节中精选的历代经典作品，以兼具文学性、思想性，又合乎时代潮流，切合学生学习心理为准，意在提升中小学生的听、说、读、写能力，同时兼顾培养人格与文化素质，陶冶情操，开阔学生的眼界、胸怀。

本章节编写体例依次为"学习重点""课前暖身""课文导读""作者介绍""课本原文""课文赏析"，各部分条理清晰，知识点突出，语言通俗易懂，对提升学生学习兴趣，增进其对文意的理解大有裨益。

与宋元思书

吴 均

学习重点：

一、认识骈文的文体特色。

二、学习先总述再分述又合述的写作手法。

三、体会大自然美景对陶冶性情的作用。

课前暖身：

富春江的风景

“天下佳山水，古今推富春”，富春江是钱塘江的上游，两岸山色秀丽，江水澄澈见底，自古以来即有“小三峡”的美誉。古往今来文人墨客的渲染增添了它绚丽的色彩，画家更留下一幅幅稀世珍品，如元代黄公望的富春山居图，享誉古今。富春江除优美景致外，丰富的人文景观更令人悠然神往：富春江流经的桐庐山，相传黄帝时代中国医药鼻祖桐君在此结庐炼药，桐庐县因此而得名；东汉光武帝的同学严光不羡慕荣华富贵，独自在富春江边隐居垂钓，也留下千古的佳话。

课文导读：

本文选自吴朝请集（朝请，官名），是作者用骈文写给朋友宋元思的一封信，但属于书信的用语已被删去。宋元思，字玉山，作者的朋友。全文描述作者从富阳（今浙江省富阳市）到桐庐（今浙江省桐庐县），在舟中所见富春江的山光水色，同时抒发身处美景时，油然而生的感触，表现向往大自然的高尚情怀。

作者介绍：

吴均，字叔庠，南朝梁吴兴故鄣（今浙江省安吉县）人。生于宋明帝泰始五年（西元四六九年），卒于梁武帝普通元年（西元五二〇年），年五十二。出身寒门，好学而有文才。擅长描写山水景物，颇负盛名。曾任奉朝请，后人辑其著作，题为吴朝请集。另著有志怪小说《续齐谐记》。

课本原文：

风烟俱净，天山共色，从流飘荡，任意东西。自富阳至桐庐。一百许里，奇山异水，天下独绝。

水皆缥碧，千丈见底，游鱼细石，直视无碍。急湍甚箭，猛浪若奔。

夹岸高山，皆生寒树，负势竞上，互相轩邈，争高直指，千百成峰。

泉水激石，泠泠作响；好鸟相鸣，嘤嘤成韵。蝉则千转不穷，猿则百叫无绝。

鸢飞戾天者，望峰息心；经纶世务者，窥谷忘返。

横柯上蔽，在昼犹昏；疏条交映，有时见日。

课文赏析：

本文以“奇山异水”四字为纲领，全文共分六段。第一段概括描述自富阳泛舟到桐庐，沿途所见的山水胜景。

第二、三段承第一段，分述眼中所见的异水奇山。第二段先写“异水”。

水的奇异，在清澈处深可见底，急流处水势飞猛。水深而清，是静态之美；水强而急，是动态之美。舟行景换，一动一静，凸出了水之“异”。第三段再写“奇山”。山之奇异，在山的高峻与林木的繁茂。作者巧妙运用拟人法，化静为动，使本是静态的群山显得生机盎然。第四段合写耳中听闻的水、鸟、蝉、猿之声。这些声音合奏出大自然美妙的乐章，有这些天籁点缀的山水，更显奇异。

第五段四句，写山水美景足以令人流连忘返，放弃对世俗名利的追求，不仅抒发了作者的览物之情，也反映出他对超脱尘俗的向往。

第六段四句，写轻舟从疏密有致的树荫下穿过，给人清冷幽静之感。这样的结尾呼应了开头四句，以写景开始，又以写景结束，使得文章饶富韵味。

本文多四字句，又多对偶。通篇运用摹写、拟人、比喻等多种手法，灵活多变地写景状物，并因景兴情，抒发感受，真是一篇描写山水的佳作。

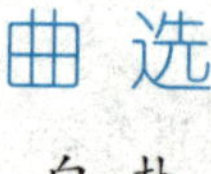

曲选

白 朴

学习重点：

一、认识散曲小令的基本形式。

二、学习借景抒情的写作方法。

三、体会这首小令所抒发的情感。

课前暖身：

元曲介绍

曲是金、元以来新兴的韵文，一般称为元曲。曲要依据曲调填写，每个曲调都有名称，叫作曲牌。曲牌和内容无关，曲牌下面的题目才与内容有关。同一曲牌有固定的字数、句数、平仄和用韵，但可在曲调允许的情况下增字，称为“亲字”，以捕捉语气，增加语义，今人多以小字来表示亲字。如本课沉醉东风渔父词中的“黄”“绿”“虽无”“却有”即为亲字。

元曲又分为散曲和杂剧两类。一、散曲：性质和词相近，可以歌唱，可分为小令和散套。小令是单支的曲子，必须一韵到底；散套又称“套曲”“套数”，用同宫调的若干小令组成（所谓宫调，类似现代音乐中所说的调，如：C 大调、D 大调等）。二、杂剧：是元代的歌剧，主要由曲（唱词），加上科（动作）、白（说白或是对话）组成，可以在舞台上演出。

课文导读：

这首小令选自全元散曲。沉醉东风是曲牌名，渔父词是题目。渔父，渔夫。父，对老年人的通称。曲中描写如诗如画的秋江风光，赞颂渔父闲适自在、超脱凡俗的生活，传达出作者对现实的不满，以及追求理想的不悔。

作者介绍：

白朴，字仁甫，号兰谷，元真定（今河北省正定县）人。生于金哀宗正大三年（西元一二二六年），卒年不详。幼年时，正值蒙古灭金，与父母失散，曾由父亲好友元好问教养数年；入元之后，终身不仕。白朴自幼聪慧，攻读百家经史，既有深厚的学养，而又兼长于诗、词、曲。词集名《天籁集》，今存百余首，大多为怀古、闲适之作。散曲今存小令三十七首、套曲四首；杂剧今存《梧桐雨、墙头马上》，文辞清丽婉约。与关汉卿、马致远、郑光祖合称“元曲四大家”。

课本原文：

黄芦岸白蘋渡口，绿杨堤红蓼滩头。虽无刎颈交，却有忘机友：点秋江白鹭沙鸥。傲杀人间万户侯，不识字烟波钓叟。

课文赏析：

这首小令的开头两句，描写渔父的生活环境：黄色的芦花，白色的苹花，装点着秋江的岸边、渡口；堤上的绿柳、滩头的红花交相辉映。黄、白、绿、红，色彩鲜明缤纷，烘托出水乡秋色的绚丽多姿，也暗示了渔父愉悦的心情。

“虽无刎颈交”以下三句，描写渔父生活的情趣。生活在这样生机盎然、纯净清新的环境中，他虽然没有可以同生死、共患难的朋友，却有秋江上的白鹭、沙鸥与他亲近，真诚相伴。白鹭、沙鸥时而翩翩飞翔，时而掠水而起，一个“点”字，写活了鸥、鹭的灵巧及逍遥闲适，和开头两句的静态描绘，形成动静对照，构成一幅生动的画面。

最后两句点题作结。作者说这个“不识字烟波钓叟”如此悠然自得的心境，足以傲视达官显贵，显示作者对于渔隐生活的向往。

这首小令语言清丽，善用典故，对仗工整，是元代散曲中的名篇。

座右铭

崔 瑗

学习重点：

一、认识“座右铭”的性质与作用。

二、能习作一篇座右铭。

三、体会品德修养的重要，并能自我砥砺。

课前暖身：

座右铭

“铭”是古代的一种文体，大多采用韵文的形式，刻写在器物或是碑石上，用来记述事迹、称颂功德，或修身养性、砥砺品德。其后，铭文已不全然刻写于器物碑石，如刘禹锡的陋室铭，表明自己的志向及修德的方向，并无铭刻于某物。

“座右铭”是“铭”的一种，因放在座位的右边，以时时自我警勉，故称“座右铭”。时至今日，座右铭的含义已扩大为泛指为人处世的指南，可以依自己的需要撰写，也可以引述经典言论或名人格言，并且不限于放在座位右边，只要可以随时看到、随时提醒自己就可以。

课文导读：

本文选自《昭明文选》。将待人处事的准则或格言，放置在座位旁边，用来勉励自己，就叫“座右铭”。作者写这篇铭文，主要目的是表达自己在人生道路上的抉择和坚持，他要求自己立身处世要待人宽厚，谨言慎行，洁身自爱，而且要行之有恒，以期成为一个品德芬芳的人。

作者介绍：

崔瑗，字子玉，东汉安平（今河北省安平县）人。生于章帝建初二年（西元七七年），卒于顺帝汉安元年（西元一四二年），年六十六。他的学识渊博，尤其精通天文、历数，也擅长书法、写作。作品传世的有数十篇，如南阳文学官志、草书势等。

课本原文：

无道人之短，无说己之长。

施人慎勿念，受施慎勿忘。

世誉不足慕，惟仁为纪纲。

隐心而后动，谤议庸何伤？

无使名过实，守愚圣所臧。

在涅贵不缁，暧暧内含光。

柔弱生之徒，老氏诫刚强。

硁硁鄙夫志，悠悠故难量。

慎言节饮食，知足胜不祥。

行之苟有恒，久久自芬芳。

课文赏析：

本文融合儒、道两家的处世思想，以策励自己，修身养性，做一个宽厚谦和、知足常乐的人。

第一至四句揭示严以律己、宽以待人的道理：不谈论别人的短处，不说自己的长处，把握施与受的原则，以建立和谐的人际关系。第五至八句强调为人处世以仁为本，反躬自省，如果心安理得，又何必在乎外来的毁誉呢？这里变直述句为反诘句，不仅使文气有所变化，且更能发人深思。第九至十二句认为保持本性的敦厚，胜过世俗的虚名，因此，即使是在污浊的环境中，依旧要洁身自爱，光芒内敛。第十三至十六句主张遵循老子的教诲，守柔弱，诫刚强，培养远大的心胸和宽广的见识。第十七至十八句以慎言、节制、知足来规范自己。最后两句期勉自己要持之以恒，作为全文的总结。

全文言近旨远，明白深刻，而且句型整齐，隔句押韵，易读易记，因此能传诵千古，提供后人立身处世的极佳准则。

良马对

岳　飞

帝问岳飞曰："卿得良马否？"

对曰："臣有二马，日啗刍豆数升，饮泉一斛，然非精洁不受；介而驰，初不甚疾，比行百里，始奋迅，自午至酉，犹可百里，褫甲而不息不汗，若无事然。此其受大而不苟取，力裕而不求逞，致远之材也。不幸相继以死。今所乘者，日不过数升，而秣不择粟，饮不择泉；揽辔未安，踊跃疾驱，甫百里，力竭汗喘，殆欲毙然。此其寡取易盈，好逞易穷，驽钝之材也。"帝称善。

学习重点：

一、认识岳飞及其精忠报国的精神。

二、学习运用事物来说明道理的写作手法。

三、体会贤才应自重自爱的道理。

课前暖身：

“对”的简介。

对，文体名。古代名为“对”的文体有二。

一、“对策”：源于汉代，是朝廷选任官吏的方法。对策一般由两部分组成，前面是皇帝提出问题，即试题，叫“制”或“策问”；后面是臣下针对问题的回答，称“对策”。

二、“对问”：本是古代君臣、朋友互相问答（对）之辞，后世模仿这种形式，以回答问题的形式抒写情志，演变为作者自设问题，自己解答，以明己志的文体。此文体直到今天仍颇流行，有些论说文就是以对问形式写成的。

课文导读：

本文选自《岳鄂王文集》。全文记述岳飞与宋高宗关于马的一段对答。岳飞借良马与劣马的差别，阐明贤才宜自重自爱的道理，也隐含有规谏高宗应任用贤才之意。文章简洁明快且寓意深长，颇富说服力。

作者介绍：

岳飞，字鹏举，宋汤阴（今河南省汤阴县）人。生于徽宗崇宁二年（西元一一〇三年），卒于高宗绍兴十一年（西元一一四一年），年三十九。

岳飞为宋代抗金名将，曾率军北伐，收复不少失地。可惜当时朝廷正与金议和，竟然在一日中连下十二道金牌召还岳飞，并将他下狱处死。岳飞的诗、词、散文多慷慨激昂，富有爱国情操，有《岳鄂王文集》传世。

课本原文：

帝问岳飞曰："卿得良马否？"

对曰："臣有二马，日啗刍豆数升，饮泉一斛，然非精洁不受；介而驰，初不甚疾，比行百里，始奋迅，自午至酉，犹可百里，褫甲而不息不汗，若无事然。此其受大而不苟取，力裕而不求逞，致远之材也。不幸相继以死。今所乘者，日不过数升，而秣不择粟，饮不择泉；揽辔未安，踊跃疾驱，甫百里，力竭汗喘，殆欲毙然。此其寡取易盈，好逞易穷，驽钝之材也。"帝称善。

课文赏析：

本文分为三部分。由宋高宗的问话开始，以岳飞的回答为重心，最后记高宗的称赞结束。

岳飞的回答，主要是从饮食和奔驰两方面，比较良马和劣马的差别。良马吃得多、喝得多，取食标准严格，因此跑得久、跑得远，体力表现甚佳；而劣马不但吃得少、喝得少，对于饮食的品质也不讲究，且迫不及待地想表现，所以体力甚差，无法长途奔驰。两相对照，良马是"受大而不苟取""力裕而不求逞"，劣马是"寡取易盈""好逞易穷"，所以良马为"致远之材"，劣马为"驽钝之材"。

岳飞这番借物说理的答话，既暗示天下贤才应以良马为典范，以劣马为警惕，也暗示当权者要尊重与任用贤才，以发挥他们的才能。这个弦外之音，值得细细体会。